常读常新
经典故事系列

王易◎著

追太阳的人：
凡·高的故事

http://press.hust.edu.cn
中国·武汉

图书在版编目(CIP)数据

追太阳的人：凡·高的故事 / 王易著. -- 武汉：华中科技大学出版社，2024.8. -- (常读常新经典故事系列). -- ISBN 978-7-5772-0354-6

Ⅰ. K835.635.72

中国国家版本馆CIP数据核字第20247VE463号

追太阳的人：凡·高的故事
Zhui Taiyang de Ren: Fan Gao de Gushi

王易 著

总 策 划：	亢博剑
策划编辑：	刘　静
责任编辑：	康　艳
封面设计：	琥珀视觉
责任校对：	谢　源
责任监印：	朱　玢
出版发行：	华中科技大学出版社（中国·武汉）　电话：（027）81321913
	武汉市东湖新技术开发区华工科技园　邮编：430223
录　　排：	蚂蚁字坊
印　　刷：	湖北新华印务有限公司
开　　本：	880mm×1230mm　1/32
印　　张：	6.75
字　　数：	135千字
版　　次：	2024年8月第1版第1次印刷
定　　价：	36.00元

本书在编著过程中使用了部分图片，在此向图片的版权所有者表示谢意！由于客观原因我们无法联系到您。如您能与我们取得联系，我们将在第一时间更正任何错误与疏漏。

本书若有印装质量问题，请向出版社营销中心调换
全国免费服务热线：400-6679-118　竭诚为您服务
版权所有　侵权必究

CONTENTS 目录

第一章 童年——"这是一段阴郁荒芜的岁月" / 1

1 一模一样的日子 / 2

2 奇妙的结合 / 5

3 一年一度的惯例 / 10

4 港湾还是囚笼 / 12

5 艺术初体验 / 17

6 战友和知己 / 21

7 圣诞前夜 / 29

8 家里最不好对付的小孩 / 32

9 闹学记 / 35

第二章 上帝与金钱——"噢,耶路撒冷!哦,津德尔特!" / 41

1 父亲的事业 / 42

2 森特伯伯 / 45

3 艺术与商业 / 47

4 通往赖斯韦克之路 / 51

5 伦敦 / 54

6 巴黎的一瞥 / 59

7 天路历程 / 66

 第三章 信仰——"我的人生使命就是与苦难抗争" / 69

1 我在哪里?我在干什么? / 70

2 一间矿工的棚屋 / 74

3 黑乡 / 80

4 矿难发生了,暴动发生了 / 86

5 画画是唯一的出路 / 92

目录

第四章 追逐太阳——"我看到了光" / 101

1 学院派之旅 / 102

2 逆流而上 / 116

3 手足 / 124

4 古庇尔夹层 / 134

5 不得已而离开 / 143

第五章 奥维尔——最后的日子 / 147

1 新星 / 148

2 黑暗前的黎明 / 160

3 永远与你同在 / 203

凡·高的创作之路 / 208

第一章

童年——『这是一段阴郁荒芜的岁月』

1
一模一样的日子

1853年3月30日，荷兰的初春和往常所有的春天一样，春风渐暖，春日和煦，温带海洋性气候特有的湿润空气中弥漫着阵阵清香。郁金香虽还未盛放，但绿茵地上已星星点点地开着许多不知名的小花。它们奋力地钻出头探望，仿佛生怕错过接下来的故事。

春风惬意地吹着，大风车一圈圈地旋转，看起来忙碌而又欢乐。在游人看来，风车与郁金香、木鞋、奶酪一样，都仅仅是荷兰的一个象征性符号而已。殊不知，曾经多灾多难的尼德兰王国饱受洪水的困扰。尼德兰王国地势低平，冰河世纪终结后，莱茵河口的环礁湖开始堵满丰沃的淤泥。16世纪至17世纪，风车的发明才令大片大片的积水得以排干，农田开垦也由此开始。风车是先人智慧的产物，万物复苏的季节，就连它们也迫不及待地想要参与劳作。然而津德尔特却似乎处于另一个毫不相干的平行时空里。

牧师公馆内，提奥多洛斯·凡·高正焦急地在坚硬的大理石地板上来回踱步。就在去年，一模一样的日期，他和妻子安娜·科妮莉娅·卡本特斯的第一个孩子——文森特·凡·高刚出生就离开了人世……这个新生命的诞生没有早一天，也没有

·第一章·　童年——"这是一段阴郁荒芜的岁月"

《荷兰的花田》　凡·高　1883年

晚一天……会不会是冥冥之中的注定？

"希望这次一切正常！"他双手合十，低头闭目祈祷着。

"凡·高先生，夫人生了，是个男孩！快去看看吧！"女仆贝西兴奋地一路小跑过来，告诉提奥多洛斯这一喜讯。

提奥多洛斯看起来并不怎么高兴，他依旧眉头紧锁、目光凝重，就这样心事重重地跟着贝西来到了安娜的房间里。

新生儿安静地躺在安娜的怀里，虽然面部轮廓还不十分清晰，但还是可以依稀看出他完全遗传了母亲的样子：一样粗犷的容貌，一样结实的体格，不似父亲这般精致而文气。

"这孩子……为什么偏偏在这个时候出生？"母亲搂着孩子，目光中虽流露出本能的母性，却也平添了一丝异样的复杂，"这难道……是什么奇怪的兆头……"

"别胡思乱想了，快给孩子起个名字吧！"提奥多洛斯抱过孩子，似笑非笑地注视着婴儿红润的面庞。

"我要叫他……文森特·凡·高！"安娜犹豫了一会儿，随即就脱口而出，带着点海牙没落贵族特有的口音。

半晌，提奥多洛斯挤出几个字："那就依你吧！"

贝西接过孩子，安娜笑笑，闭上眼，不一会儿就睡着了。高龄产子的她，实在是太疲惫了。

提奥多洛斯朝安娜望了一眼，又看看孩子，随即转身，轻声走出了房门。整整一个下午，大家都不知道他在做什么。晚餐时，他也只象征性地吃了一点点。

第一章　童年——"这是一段阴郁荒芜的岁月"

"看来,她是永远走不出来了……"夜深了,提奥多洛斯在客厅里点燃了一支雪茄。他永远也不会忘记,去年同样的时刻,他们第一个孩子夭折了。安娜仿佛流不出泪,只是双目空洞,面无血色,瘫软在床上如槁木死灰一般。

下葬那天,孩子冰冷苍白的小小身躯静卧在特制的微型灵柩内,神情安宁,好像只是盖着花瓣睡着了……葬礼是提奥多洛斯亲自主持的,这还是他第一次为一个刚出生的孩子主持葬礼。

现在这个与他同名的孩子一降生,就无辜背负了太多东西。

屋内烟雾缭绕,墙壁显得森冷而缥缈。这与白日那春和景明的风光,仿佛两个世界。

2
奇妙的结合

1851年5月,一个阳光灿烂、万里无云的日子,在荷兰的第三大城市海牙,一对新人将要喜结连理。海牙是荷兰皇室的居住地,被誉为"世界上最宜人的地方"。荷兰人天生爱花,海牙的土地由于包含了比例完美的沙土与黏土,天然就是为种花而存在的。一到春末夏初的时节,海牙就变成了一片名副其实的"花的海洋"。鲜花灿烂地在路边的小径、公园的花房、别墅的游廊、家中的园子里绽放,阳光辐照大地,朵朵花瓣都像被上帝遗忘在人间的五彩宝石。为之迷醉的游客记录道：池塘和沟渠上林荫满覆，袅袅而起的水雾似乎每一天都会被绘上一层更新、更浓稠的翠意。

婚礼当天，新人途经的小路已被新娘的家人撒上花瓣，各个转站点也扎上了月桂、橄榄枝条编就的花环。新娘安娜·科妮莉娅·卡本特斯从王子河畔的卡本特斯家出发，踏上了去往海牙修道院教堂的路。安娜已年过三十，长着略宽的下颌角，四方的牙床骨，褐色的眼眸，面容稍显严肃。她身着圣洁的纯白色婚纱，一头浓密的红发高高地盘在头顶，长长的头纱在身后形成漂亮的拖尾，看上去浪漫又高贵。

可令人有些费解的是，作为新娘，本应是眉梢带笑、面露喜色的，可安娜的眼神里却略微透露出一丝惶感，嘴唇也有些紧张地微微抿起。就连各路来宾热情而礼貌地送上祝福时，她也只是敷衍地笑笑。我们回头看看她的身世，似乎也就有了答案。

几个世纪以前，卡本特斯家族就不断地经历战乱、革命、洪水、瘟疫等各种灾难的洗劫，安娜的祖先们奋不顾身才使这个大家族得以繁衍至今。如今，它终于像一朵饱经风霜的花儿一样盛开在沙漠的绿洲里。

从小对不幸的耳濡目染，造就了安娜忧郁敏感、偏执古怪的性格，为了避免陷入思想的激流，她很小就学会了编织，在理清那一根根细密的线时，她也理清了自己如麻的思绪。她学

· 第一章 ·　童年——"这是一段阴郁荒芜的岁月"

着弹钢琴，拼命阅读，如果连这些都行不通，她就疯狂地打扫屋子，用以分散注意力。

为了让灵魂有个安放之处，安娜还学会了绘画。她至少和妹妹科妮莉亚一起学过画画，尤其是水彩画，这在当时被新兴资产阶级视作既能修身养性，又能打发闲暇的一项乐事。和许多荷兰人一样，安娜也为各种花卉深深着迷，这成了安娜最为心仪的艺术主题。

由于性格较为孤僻，安娜年过三十却依然未婚，全家人都为她感到着急。转机出现在1850年3月，比安娜小十岁的科妮莉亚宣布与海牙的一位画商订婚。他姓凡·高，家境殷实。这位画商深爱科妮莉亚，他还有个晚婚的兄弟——提奥多洛斯，二十八岁，是个牧师。三个月后，提奥多洛斯和安娜见上了一面。提奥多洛斯相貌英俊，温文尔雅，栗色的头发已有些许灰白，却愈发增添了一种成熟的魅力。他安静沉稳，不似哥哥那般风趣健谈。他住在津德尔特，一个靠近比利时边境的小村庄，和安娜居住的繁华的海牙相去甚远。但这一切都无关紧要，双方家庭还算门当户对，两人也都着急成婚，彼此的第一印象也不差。于是见面后不久，两人便闪电订婚了。

或许是确立婚约的过程太过匆忙，抑或安娜骨子里根深蒂固的不安全感，这样大喜的日子，她却无法沉浸在快乐里，而是不断地担忧：爱情会不会一下子溜走？爱人会不会突然死去？安娜后来自述道，在结婚典礼上，当马车驶过林荫大道和精心装扮的花海时，她却在脑中反反复复地想着某位重病不能出席的亲戚。"婚礼，也总伴随着许多痛楚。"她总结道。

新郎提奥多洛斯·凡·高早已等待在海牙修道院教堂，这是一座15世纪建成的建筑，坐落在皇城的中心大道上，两侧菩提树林立，恢宏的别墅群环抱四周。路旁的街道整洁而宽敞，周围的每一座建筑都富丽堂皇，这令来自周围乡下的游客艳羡不已。

古老的修道院教堂大气恢宏，从稍显斑驳的墙壁可以看出，这座著名建筑有些年岁了，但今天却因为新人的到来布置得美轮美奂、灯火辉煌。伴娘挽着盛装打扮的新娘走上地毯，安娜露出她那特有的招牌式微笑，优雅地迈着步子。这些基本礼仪对于大家族的女儿来说，并不是什么难题。提奥多洛斯穿着特制的礼服，头发梳得齐整，精心的装扮，把他那本就英俊的面庞衬得更加容光焕发。他牵起安娜的手，二人相视一笑，不管怎么说，一对新人对未来还是充满着好奇和期待的。二人就这么手挽着手走向殿堂，走向牧师、修士和修女。

修士宣布典礼开始，琴师奏起了美妙的进行曲，每一个身在现场的人都如痴如醉。安娜和提奥多洛斯稳步前进，走到祭台前跪下。牧师宣读了婚礼誓词，新郎新娘相互表达希冀和忠诚，交换了结婚戒指。修女唱起动听的赞美诗，所有的一切都显得那么自然，两人顺利结为连理。

仪式过后，新婚夫妇动身前往新郎提奥多洛斯·凡·高的

·第一章· 童年——"这是一段阴郁荒芜的岁月"

家乡：南部小镇津德尔特。多年后，安娜这样回忆新婚前夜的心情："新娘对于未来的家忧心忡忡。"

比起车水马龙的荷兰大都市海牙，津德尔特恐怕就和荒郊野岭没什么区别。镇区的大半被沼泽和荒野侵吞，放眼望去几乎看不到一棵绿树，只有丛生的杂草和低矮的灌木。除了赶着羊群偶尔经过的牧羊人、挖煤或摘石楠扎扫把的农民，几乎是一片荒凉和死寂。在那个时代的编年史家笔下，这是一片"无人涉足的土地"。

"这简直像约翰·弥尔顿笔下的失乐园！"安娜感叹道。

只有一条拿破仑时代修建的大公路将津德尔特与外面的世界联系在一起，在路边，客栈、酒馆及商店林立，数量几乎超越了小镇上全部的126户人家，商贩竞争令津德尔特成了一个肮脏不堪、布局混乱的小镇。新婚的凡·高夫妇刚刚抵达之时正值节日庆典，城镇广场上的小客栈、小酒馆嘈杂不已，里面挤满了喝酒、唱歌、跳舞的年轻人，寻衅闹事时有发生。

对于像安娜·凡·高这样的荷兰城里人而言，这样粗放的民风简直是难以忍受的。安娜的新家，津德尔特牧师公馆，就面对着市集这个喧闹的"菜园子"。面对海牙的娘家人，安娜却报喜不报忧，把牧师公馆美化成了一个享受田园牧歌式生活的"乡下地方"。

对于安娜来说，沉湎于过去显然只能加剧伤痛，唯一的出路只能是在这个古怪的新环境里保持尽可能的体面。她向来爱惜自己的声誉，如今，在这个矛盾一触即发的是非之地，一个外乡人要摆脱孤立和敌意，"规矩"二字就显得格外重要。其中一条就是，牧师的妻子们必须膝下有子，而且多多益善。于是接下来的日子里，安娜尽一切可能绵延子嗣，两个同样名为文森特·凡·高的孩子也是在这样的背景下诞生的。

3
一年一度的惯例

"文森特，该醒醒了！"一大早，安娜就迫不及待地拉开了文森特·凡·高的卧室窗帘。荷兰春日天亮得早，刚刚清晨五点半，一束刺目的阳光就直射进文森特的房间，他瞬间睡意全无。

今天是他七岁的生日，他心里很清楚，这一天将会发生些什么。自他记事以来，每年都有这样的惯例。

父亲提奥多洛斯依然不在家，每天早晨，他都要去进行自己伟大的事业——为人民带来福祉。在文森特幼小的心灵里，父亲冷峻严厉、特立独行，却有一种神圣的庄严感。他虽然对于父亲从事的工作一知半解，但总有一丝神秘的向往，他渴望成为父亲那样的人。

母亲端来了亲手烹制的苹果派，一年一度的生日，总要有些仪式感才是。这苹果派热腾腾的，闻起来香气扑鼻，一下子

· 第一章 ·　童年——"这是一段阴郁荒芜的岁月"

打开了小文森特的味蕾,他难得对过生日有了点向往之情。

"赶紧吃完,我们好出发呀!"母亲看着细嚼慢咽舍不得停下的文森特,不由得催促了起来。这一催促,瞬间把文森特从难得的享受中拉回现实。他知道,下一步是怎么也逃不掉的。

荷兰乡间的清晨是大自然的杰作,在这里几乎看不到工业文明带来的喧嚣与骚动。优哉游哉的人们漫步在田埂上,嘴里哼着当地的牧歌。远远望去,马儿和羊群就像蓝天中的白云不慎掉落在地,鸟儿叽叽喳喳,在树梢上开着茶话会。

文森特哥哥的墓地坐落在一片山毛榉树林的尽头,春光透过树梢洒下来,通向墓碑的路就像是一条金色的大道。小溪岸边的青草地上,蓝色的风铃草已次第开放,微风过处如风铃一般摇曳。文森特从小就对大自然有着一种异乎寻常的敏感,他常常想,哥哥长眠在这样如诗如画的地方,自己是否也会泉下有知?

"来,过来看看你哥哥。"母亲轻轻把文森特拉到了墓碑前。看着碑上清晰刻下的几个大字:"文森特·凡·高,逝于1852年3月30日。"文森特的心中涌入了一丝说不清道不明的复杂情绪。他早就知道,这个素未谋面的哥哥,一出生就夭折了。这个和他拥有着相同的名字,同样是3月30日出生的哥哥,甚至没有缘分见上一面。

母亲一动不动地凝视着墓碑,又在无声地流泪。这么多年过去,这件事全家人都在有意识地回避,无人敢去触及。文森特虽然年少,又何尝不知,自己的名字就是母亲用来纪念哥哥的。每当这时,他都会反问自己:"我到底排行老大还是老二?我是妈妈最爱的孩子吗?"

这样无解的思考令他头皮发麻,他只能静静地立着发愣。

回家的路上,他在道旁捡了一只小松鼠,它看起来好像和妈妈走丢了。他要把小松鼠带回去和提奥一起玩,那是跟他最投缘的弟弟。

4
港湾还是囚笼

1855年,也就是文森特出生两周年后,大妹妹安娜·科妮莉亚来到人世;又两年(1857年),弟弟提奥出生;再两年,二妹妹伊丽莎白呱呱落地;1862年,三妹妹威廉明娜诞生;1867年,最小的弟弟科尔出生。几个弟弟妹妹的出生并没有让家中变得温馨热闹,母亲永远严苛,父亲依旧疏离,文森特还是一样地独来独往。

母亲安娜将全部的心血、对教养的偏执以及对家庭团结近乎病态的追求都倾注到了对几个孩子的教育中,她不停地对孩子们宣称:"走向社会之前,是家庭造就了我们。"

这天,文森特家又开始了每天必须进行的日常活动——

·第一章·　童年——"这是一段阴郁荒芜的岁月"

全家绕小镇漫步一小时。沿途有花园、有田野，也有热闹的街景。在津德尔特这个不大的地方，一切就像一个微缩的社会。安娜相信这样的漫步可以强健家人的体魄，让他们精神焕发。散步时，安娜给孩子们提出了一个不成文的要求："得体的衣着会展示你们良好的行为和高尚的道德感。"哪怕是多年以后，安娜依然叮嘱提奥穿着高级西装去散步："好叫人们知道你是牧师凡·高的儿子。"

这衣着光鲜的一大家子悠闲地迈着步子，偶尔还谈论着一些劳动人民不曾涉及的话题，仿佛一道亮丽的风景线，格外引人注目。"外在的穿着是内心世界的反映。"安娜和提奥多洛斯这样教导孩子们，"衣服上的污渍好比心灵上的污点，而一顶昂贵的帽子不光塑造了一个良好的外部形象，同时也不言而喻地呈现了一个光鲜的内在自我。"

然而，偶尔路过的头戴无檐帽，身着罩衫，全身布满灰尘，眼神疲惫却坚毅的劳动者，还是吸引了小文森特，他好奇的目光总是追随着他们。每当这时，安娜总是不解地瞪着他，在她眼里，这实在不是合乎常理的绅士之举。比起母亲安娜的疑惑，小文森特心中的困惑并不比母亲的少。他不解的是，劳动者的一切明明是真实而鲜活的，为什么爸爸妈妈却对此如此嗤之以鼻。对于这样标准化的散步和母亲组织的拜访上流社会的出行，他向来是不屑一顾的。他更愿意花上大量的时间与仆人们待在一起，与他们同住一间阁楼。他总是偏离寻常道路，踩在泥泞的乡间小道上，潜入体面人士绝不敢涉足的无人之境——在这些地方你只能碰上零星几个挖泥煤和收石楠的穷苦农民，或者庄稼汉和牧羊人。一想到文森特要和下层人士接触，就足以让安娜与提奥多洛斯惊恐起来。

"爸爸妈妈，弟弟妹妹！快来看他们，多像安徒生笔下那些淳朴又乐观的割麦子的人！"小文森特情不自禁地喊了出来，带着些明显欣赏的口吻。

安娜和提奥多洛斯心中不快，有些厌烦地撇了撇嘴，根本不抬眼看一眼。几个妹妹畏惧父母的权威，也只敢好奇地偷瞄。唯独提奥，这个总与哥哥站在统一战线的盟友，开心地朝着文森特手指的方向望去……

若是在阴雨天，一家人不方便户外活动，就会围在安娜精心打理的小花园里赏花。几个世纪以来，得益于肥沃的土壤和花园果实免税的政策，荷兰人一直将料理家庭花园视作一项传统。富人兴建乡村别墅，中产阶级青睐小块的城市地皮，而穷人也能在窗台上摆弄花盆和壶罐。无论贫穷富有，养花种花总是一桩陶冶情操的美事。

凡·高一家的花园恰好坐落于谷仓的后面，依照城里人安娜的标准，面积并不算小。它又窄又长，与牧师公馆的形状颇为相似，被一排山毛榉篱笆整齐地围住。安娜忠实于维多利亚时期的品位，更青睐精巧、小丛的花木——金盏花、木樨草、天竺葵、栾树，它们可以拼成缤纷的花床，学过美术的安娜深

· 第一章 ·　童年——"这是一段阴郁荒芜的岁月"

谙配色之道。越过花床是一列列蓝莓、覆盆子丛和果树，有苹果、梨、梅和桃，一到春天，就将整个花园装点得色彩斑斓。

告别了寒冷的冬日，每到春日来临，凡·高一家的活动中心就自然而然地转移到了花园里。提奥多洛斯在那儿研习和创作布道词，安娜在遮阳篷下读书。儿子们在草地上嬉戏，在津德尔特精细的沙道上搭建城堡。凡·高家的每位成员都担负起了培育花草的重任，提奥多洛斯负责栽培葡萄和常青藤，安娜种花，孩子们也被一一分配了属于他们的小块土地。

孩子们的天性就是青睐自然之物的，每当花开时，他们就围坐在花丛旁聆听大自然的召唤。"用心去感受，你一定能听得见草木生长的声音。"安娜总是这样对孩子们说，这是她认为最能颐养身心的方法。文森特对这一点深信不疑，以至于他一生都在追寻自己画作的音乐性。然而对于文森特来说，比起荷兰人都热爱的郁金香、金盏花等等，他更喜欢静静地趴在篱笆上，看那一朵朵向日葵绽放。"向日葵是属于太阳的花，观赏着向日葵盛开，你就能追上太阳的脚步了！"他总在心里这样想着。

安娜利用花园向孩子们传授自然中蕴藏的人生奥秘——四季的更替预示着生命的轮回，花开花落就是大自然为生命写下的诗歌，紫罗兰象征着少年的一往无前，常青藤在冬季也不会枯萎。文森特后来写道："即便花黄叶落，鲜活的生命也能绝处逢生。" 文森特后来的作品中，植物总是一个永恒不变的主题。

　　每天晚餐后，大家都会围坐在火炉旁进行另一项仪式：学习家庭历史。身为牧师的提奥多洛斯尤其擅长这方面的演讲，据伊丽莎白回忆，爸爸会给他们讲述祖先的种种辉煌经历，他们曾以这样或那样的方式报效国家。这种充满仪式感的回忆往昔将安娜重新带回了她曾经的阶级与文化，给这个处于狭小逼仄空间的孤独灵魂带去了些许光明。凡·高一家不仅因为这样的围炉夜话而着迷于历史，还开始对这个失落的伊甸园心生出朦胧的向往。

　　"孩子们，"父母总以这样的结束语总结晚间学习，"我们的先人们用他们异于常人的智慧和高于生命的热情使我们的家族延续至今，拜他们所赐，我们现在才能围坐在这里回忆那令人心潮澎湃的往事！"

　　在这之中，最投入的那个孩子正是大儿子文森特。他尤为强烈地感受到了爱恨交织，即便成年后，他还是如饥似渴地阅读历史和历史小说，对怀才不遇的艺术家有着一种特殊的偏爱。他在心中暗暗发誓，绝不能成为家族的拖累，因为如今的团聚实在是颇为难得。

　　身处于这样的成长环境，整个津德尔特牧师公馆就像一个巨大的水泥箱子，孩子们天性中热烈奔放的情绪都被挤压在这个狭小的空间里无处伸展，逐渐被抽干了所有的情绪。母亲安娜总是告诫他们，责任、庄重和坚强，是幸福生活的真谛，是

·第一章· 童年——"这是一段阴郁荒芜的岁月"

道德生活的指南,否则,"就算不上一个正常的人"。小小年纪,他们总是被迫失掉了很多童真,焦虑、自责、不安的情绪总是充斥着他们的内心。哪怕是在他们成年后,在离开牧师公馆之后的漫长岁月里,自怨自艾的情绪一直萦绕在他们心头。

"我们该有多爱爸爸妈妈呢?"一个孩子在给另一个孩子的信中哀怨地写道,"我对他们来说还不够好。"

多年以后,文森特回忆起这段童年岁月,依旧有许多疑虑萦绕在心间:"母亲总说,外面的世界很险恶,只有家,才是最终的港湾。可是这'港湾',为什么偏偏像囚笼一样,锁住了我难得的、片刻的欢愉?"

5

艺术初体验

一个晴朗的春日午后,阳光透过落地窗洒向牧师公馆的室内,一切显得那么宁静而美好。母亲安娜坐在客厅的黑白钢琴旁,弹奏起了父亲提奥多洛斯在教堂里经常唱诵的赞美诗。几个女儿则围在她身旁,用稚嫩又清脆的童音与母亲唱和。

安娜希望孩子们能像自己一样拥有良好的教养——这在津德尔特这个偏僻的小镇里确实是个挑战。艺术的熏陶当然是不可缺少的,女孩子们像妈妈一样学钢琴,每个人都参加了正规的声乐培训。

文森特轻轻走过她们身边，心里油然而生一种祥和的感动。他走到钢琴旁边的书架上，拿起那本他最喜欢的《海角乐园》，安安静静地读了起来。书中讲述的是牧师一家遭遇海难漂流到一个热带岛屿，被迫相互依靠才能在险恶的世界里生存下去的故事。这种团结一心的家庭观念与母亲的期待不谋而合，他望向全情唱着赞美诗的母亲和妹妹们，在心里默默期待："要是一家人，能这样永远不分开，该有多好……"

母亲的余光扫向在角落里默默坐着的文森特·凡·高，发现他正在角落里静静读着那本《海角乐园》，竟有些伤感。这样的喜好，与他们父母平时倡导的阅读偏好截然不同，却是完全不出乎意料的。

除了围炉学习历史，凡·高一家度过夜晚还有一种心照不宣的方式：阅读。全家围坐，大声朗读，阅读不再是一种孤独、封闭的体验，让一家人有了灵魂的相互观照。一开始，安娜和提奥多洛斯读或给孩子们读，大的给小的读；后来，孩子们给父母读。就像是文艺复兴时期的英国作家弗朗西斯·培根说的那样"读史使人明智，读诗使人灵秀，数学使人周密，科学使人深刻，伦理使人庄重，逻辑修辞使人善辩：凡有所学，皆成性格"。不论是在花园的遮阳篷下，还是在油灯的微光前，琅琅读书声总是令人欣慰的声音，讲述着家庭的和谐统一。多年后，孩子们天各一方，却仍热衷于交换和推荐书籍。

像维多利亚时期欧洲的其他书香门第一样，凡·高一家

·第一章· 童年——"这是一段阴郁荒芜的岁月"

对感伤小说怀有一份特殊的情感。人们都争先恐后地阅读狄更斯和爱德华·布尔沃·利顿的新作,后者也是那个时代举足轻重的文人("这是一个风雨交加的漆黑夜晚……"便出自他手)。斯托夫人所著的《汤姆叔叔的小屋》在美国完成连载后仅一年,荷兰文版便已经在津德尔特面市,此时恰逢文森特出世,这部小说不出意料地在牧师公馆受到了推荐和赞赏。

与许多家庭的孩子们一样,凡·高家的孩子们最早涉猎的文学体裁便是诗歌和童话。诗歌韵脚生动,朗朗上口,教导孩子要善良、忠诚和敬重父母。童话则单指安徒生的童话,安娜新婚时,《丑小鸭》《豌豆公主》《皇帝的新装》和《海的女儿》等故事已经风靡世界。安徒生的故事没有明显的宗教意味,也不刻意说教。维多利亚时期的父母开始认为童年应当是充满幻想的,安徒生童话迎合了父母的需求。同时,安徒生童话尽情讴歌人性中的真善美,可谓是老少皆宜,任何阶层都能在其中找寻到自己的人生。

文森特可不会受制于父母的喜好,他一生的阅读习惯在他早年的经历中可窥得一二。文森特的阅读速度飞快,这一特点他终身保持。首先,他会挑选一个喜爱的作家,然后花上一周一口气读完对方的全部作品。他一定很享受早年的诗歌训练,后来的日子里,他仍继续背诵成卷的诗篇,偶尔在信件中引用两三句,或者花费数天的工夫将它们分毫不差地誊写整齐,并装订成册。与许多文艺工作者一样,安徒生也是影响了他一生的作家,以至于他后来的作品都有许多"安徒生式"的意味:饱含灵性的植物、人格化的抽象、放大了的情绪和唐突的意象。多年后,文森特依然认为安徒生的童话"万般真实,又美妙至极"。

还未出闺阁就靠编织和绘画找寻心灵寄托的安娜,对孩子的美术教育当然不会放松要求——不是玩乐的小打小闹,而是真正科学系统的训练。在母亲的监督下,每个孩子都会画画。他们掌握了拼贴、临摹、上色等装饰艺术,一个简单的盒子上也许绘有彩色花卉,一首摘抄的诗篇旁可能点缀着一枚剪贴花冠。他们给喜欢的故事加上插画,模仿寓意画册给图像搭配文字。

在绘画这项艺术上,大儿子文森特·凡·高无疑是热情最高的。有那么一段时间,安娜还拿出自己的业余画作来指导和激励儿子。有时,安娜艺术圈里的朋友巴库曾姐妹来到津德尔特,三人还会结伴去镇上写生。在凡·高眼中,母亲安娜勤奋能干、多才多艺,擅长绘画、缝纫和写作。凡·高对绘画最初的兴趣,或许就来自于母亲一朝一夕的熏陶。

那些写生的日子,文森特也许并没有紧随三人之后,但之后的种种都清晰地表明,他随母亲的步子踏入了艺术的世界。学习诗歌时,他埋头于一遍又一遍地誊写。而今对于绘画,他仍一如往常地苦心钻研,试图用手中的绘画指导读物和油彩创作出自己人生的第一批作品。其中包括一幅他在1864年2月为父

·第一章· 童年——"这是一段阴郁荒芜的岁月"

亲的生日而作的农田风景,名叫《谷仓与农舍》。有时候,他也会带上铅笔和画板走出门外,试着徒手勾勒他眼中的世界。他最早的模特之一是家里的一只黑猫,他想要捕捉它攀上一棵光秃秃的苹果树的样子。这种黑白相间的画面,本就不需要用上复杂的油彩,一幅素描就可以勾勒得栩栩如生。然而,素描却是最考验功底的。据母亲回忆,这张素描画得糟糕透了,以至于完成伊始便被失望透顶的文森特毁掉了,从此他再不愿在牧师公馆尝试徒手创作。后来的文森特总用一个词嘲笑自己童年时代的作品——"一团乱麻",并解释道:"只要艺术灵感没有积淀流淌起来,一切作品都是荒唐可笑的。"

此刻,文森特没有注意到母亲向他投来的目光,他只是专注地盯着手中的书本。

6

战友和知己

平静的日子一天天过去,小文森特渐渐长大,他与父亲母亲的关系依旧还是那样不温不火。在这段荒芜的岁月里,弟弟提奥是唯一亲近的知己,他们常常一起走出那个有些冰冷的公馆,走向广阔的大自然放飞心灵。

夏日黄昏时分,夕阳映亮了半边天空,一抹火红的晚霞笼罩大地,遥远的地平线与田野连成一片。远处连绵的峰峦若隐若现，田野上劳作的人们清点着一天的收成。远远望去，文森特的心中涌起了一丝莫名的感动。

"提奥，你觉不觉得这一切，真的很富有生机呀？"文森特笑着，转向提奥问道。

"可是……妈妈说过，这些都是平庸的劳动而已……"提奥还太小，对这一切还十分懵懂。

"我要把他们画下来！"文森特说着，拿起随身携带的纸笔，一笔一画地认真地描绘起来。

"哥哥，画得真好！"小提奥鼓起掌来，他一直都是哥哥坚定的支持者，"画得跟真的一样！"

"是吗……？"文森特听到提奥这样说倒有点失望，"画得太像照片，就没意思了……"

提奥疑惑不解地望着他。

"怎么样才能让我的画看着像'活了一样'呢？"文森特捡起地上的一只小甲虫玩弄着，"就像这样，还有声音该多好！"

文森特把玩着眼前这个不起眼的小生灵，不知不觉就出了神。在一般人看来，虫子本来是一种渺小得甚至有些丑陋的生物，文森特却觉得它那不规则的鸣叫都近乎大自然的天籁之音。

在童年的很长一段时间里，为了填补空虚，文森特逐渐养成了收藏动植物的爱好——这项爱好他后来一直保持着，即使

· 第一章 ·　童年——"这是一段阴郁荒芜的岁月"

在他颠沛流离的时候，他也没有放弃。也许是为了把自然之美尽收眼底，文森特开始搜集各种不知名的野花，并加以归类。他还利用候鸟的知识来搜集鸟蛋，等鸟儿飞去了南方，他就去树上拿走鸟巢。说到搜集甲虫，这是他养成的一个颇具破坏力的爱好，他用渔网把它们从湿地里捞出来，用水把它们从灌木丛里冲出来，装在小瓶子里带回牧师公馆，任妹妹们对着他的战利品发抖、尖叫。

家中的阁楼，是文森特的象牙塔和安乐窝。在那儿，他彻夜研究他的收藏，还乐此不疲地查阅生物书。他学着识别各类野花，并记录最稀奇的那朵野花的生长地；他研究画眉和八哥的鸟蛋，观察雀类和鹪鹩的巢穴的区别。他做了许多小盒子来展示他的甲虫收藏，小心翼翼地在每个盒子里钉上标本，然后齐整地贴上它们的拉丁语名字——出乎意料的是，那一长串令人头痛的字母，他却可以一个不落地记下来。

"哥哥，你既然那么喜欢它，就让它贴近你一点呗！"年幼的提奥正处于活泼好动的年龄，他随即捡起地上的另一只小虫子，嘻嘻哈哈地笑着，做出想要把它塞进文森特衣服里的动作。

文森特到底比提奥年长，论起反应和体能，提奥哪里是文森特的对手？文森特反手抓住提奥的手腕，猛地把虫子夺过来，一边追逐着提奥，一边大笑大嚷着："我看你往哪里跑？！"

夜幕逐渐降临，偌大的田野里，回荡着两个小男孩奔跑嬉闹的声音。

跑了一会儿，两人都累了，便漫不经心地躺在一座小土包旁闲聊。

"不如，我们把小虫子带回去吧！放在小妹妹的床头，吓她一跳！哈哈哈……"提奥为自己的鬼点子沾沾自喜，拿起虫子放进了口袋。

"别了……"文森特从提奥手里轻轻接过虫子，将虫子放生，"小心她又向爸爸告状……"这种事他不是没干过，他知道后果的。

在文森特眼里，父亲提奥多洛斯是一个既严肃又苛刻的人，自然无法理解他们这种"精致的淘气"。而且，父亲与自己似乎永远隔着一层，更偏爱比自己年幼的弟弟妹妹。

提奥与哥哥总是那么心有灵犀，他也不再继续言语。

回家的路上一场暴雨突如其来，他俩没带伞，就这样手牵手在雨中奔跑。夏日的暴雨来得快去得也快，一如孩子们成长的烦恼，浇一浇也就烟消云散了。

终于赶在晚饭前回到了家中，两个孩子浑身湿透，如"落汤鸡"一般狼狈，从发丝到脚尖都淌着水。

"赶紧换衣服，换好了来吃饭！"父亲毕竟还是父亲，孩子淋成这样还是有些关切的，语气却还是很严厉，"不好好做功课，成天跑出去胡闹！"

第一章 童年——"这是一段阴郁荒芜的岁月"

母亲安娜望向他们,不知是想过问还是想责备,但一句话也说不出。

这时,提奥就开始充当"和事老"的角色。他跑上前,一把从腰间抱住了爸爸,抬头望向爸爸撒娇道:"爸爸……你就原谅哥哥吧……他只是想带我出去玩玩……"

别看文森特和提奥是形影不离的好兄弟,但两人无论是从外形气质和性格特征上都是截然不同的。提奥像父亲,是个面容秀美的小个子;而文森特像母亲,身板和容貌随着年纪渐长越来越粗犷。提奥柔顺的金发和文森特一头狂乱的红发形成了鲜明的对比。他俩都有一双忧郁的眼睛,但在提奥精致的脸庞上,这样的忧郁反倒增添了几分柔情的美感。而文森特眼神中的忧郁,却透露着一股和他的年龄截然不同的清寒。

差别最大的还是兄弟俩的性情。文森特敏感多疑,提奥阳光外向;文森特羞涩胆怯,提奥却像父亲一样古道热肠。文森特整日忧心忡忡,提奥却从来都"欢乐如雀"。父亲提奥多洛斯曾说,即使遇上了不顺心的事,提奥还是和往常一样快活——快活得能"对着高歌的鸟儿吹起口哨来"。俊俏开朗的提奥身边自然有许多朋友,而在朋友们眼里,文森特总是那么孤傲,那么郁郁寡欢,而提奥却总是那么随和而有趣。

自然而然地,提奥会受到更多来自父母的宠爱。每当哥哥文森特与父母有了矛盾时,提奥总能扮演好那个"和事老"。

提奥多洛斯望向提奥那张和自己一样漂亮的面庞,不禁哑然失笑,只得慈爱地看着他,顺势摸了摸他的头。

文森特也不禁觉得有些好笑,一溜烟潜入房间换好了衣服。

和所有的西方家庭一样,每餐饭前,都要做祷告。一家人围坐在餐桌边,双目微闭,双手合十,低头轻声念着:"天主,我们感谢您赐给我们食物,求您也赏赐那些为供给我们生活所需而整天劳苦的人,求您赐给饥饿的人以饮食,以我们的主基督之名,阿门!"

每当这时,文森特都会感到有一股说不清道不明的圣洁力量,能为他披上无形的铠甲。

他悄悄望向父亲,这个被镇上所有居民津津乐道、连连感激,自己却敬而远之的人。父亲的侧颜很精致,眼窝深邃,鼻梁高挺,下颌线十分清晰。只可惜,他却没能遗传到这样清俊的面庞。

文森特最爱观察人物,这时他捕捉到,父亲的脸上多了一抹难得的安宁祥和。

时间过得飞快,转眼间冬天到来了,银装素裹的世界是孩子们玩乐的天堂。温带海洋性气候的荷兰并不常下雪,雪精灵偶尔的眷顾足以让孩子们兴奋一整天。幼年孤独的文森特自从有了"小跟班"提奥之后,所有的热情都有了释放的地方。文森特教提奥打弹弓、堆沙塔、观察植物、掏树上的鸟窝。他们还找来家里的木材制作简易的雪橇,文森特让提奥坐在上面,

第一章　童年——"这是一段阴郁荒芜的岁月"

自己就在前面拉着他跑。若是屋外太冷,他们就围着家中的壁炉坐着,在炉边下棋、玩游戏,或者什么也不玩,就坐在一起聊聊天。

到了晚上,两兄弟经常同床共眠,在寒冷的冬日里相互取暖。阁楼的小卧室里有个天窗,一抬眼,他们就能看到满天的繁星。无数个冬日的夜里,他们就是这样数着星星说着心里话的。

"哥哥,你觉不觉得,我们像是坐上了天车飞上了天空一样!"提奥童言无忌,想象力极为活跃。

"是呀!我总听大人们说,对着星星许愿,我们的愿望就会实现。那么提奥,你都有些什么愿望呢?"文森特一脸爱怜地望着提奥,对这个比他小四岁的弟弟,他总会油然生出一股"慈爱"之情。

"我的愿望是……希望和哥哥永远不要分开!"提奥看向哥哥,稚嫩的目光里流露出向往。

"这也是我的愿望,我也不想跟提奥分开。"文森特面露微笑注视着天上的星星,"不过除此之外,我也希望爸爸妈妈能永远爱我……"

"可是,爸爸妈妈本来就一直爱着我们呀……"提奥一脸天真地说。

文森特笑笑,不再说话了。

"哥哥,你总说想让你的画看起来像'活了一样'。那

《柏树》 凡·高 1889年

成年后,凡·高与弟弟提奥仍有密切的信件往来。在1889年6月25日的一封信中,凡·高几笔便给提奥勾勒出了一棵柏树。凡·高随后将信中画在小角落里的草图绘制成了完整的作品。作品右上角的弯月、背后的山峦线条以及柏树形状早在仅占信纸1/16的小图中有所体现。

· 第一章 · 童年——"这是一段阴郁荒芜的岁月"

么,这满天的星星一闪一闪的,你能画出它们眨着眼睛的样子吗?"提奥的眼睛里仿佛都充满了星星。

"这是个好主意……不过,可不是那么容易的……"文森特若有所思地看着星空。

他们都没想到的是,若干年之后,文森特·凡·高真的创作了一幅名叫《星月夜》的名作,后来被珍藏于纽约现代艺术博物馆。

7
圣诞前夜

西方的传统节日有许多和家庭团聚有关,这样的节日对于新教家庭的凡·高一家尤为重要。在津德尔特牧师公馆,日历上总是挤满了各种庆典:复活节、国庆、圣马丁节、生日、周年日。在这样的日子里,把家庭团聚看得比生命还要重要的母亲安娜总是忙前忙后,为这难得的欢聚时光煞费苦心。绿色植物、时令花束、各色旗帜和大大小小的装饰品装点着有些冷清的牧师公馆。在这样的日子里,孩子们总能满足难得的口腹之欲,因为只有这时,糕点、糖果和水果才会应有尽有。后来的岁月里,不管旅途多么艰险、漫长,安娜的孩子们都会为各种庆典团聚在一起。要是因为特殊原因不能团聚,信件便会飞至每个人手中。喜气洋洋的节日里,家庭成员会互道祝福——正是由于这项荷兰传统，每一个节日都成了一场家庭盛典。

和所有的西方家庭一样，在这所有的节日里，数圣诞节最为重要。12月5日的圣尼古拉斯节前夜，就有圣诞老人上门分发糖果和礼物，一直到26日的节礼日，凡·高一家都沉浸在圣洁和团聚的氛围之中。对于安娜和提奥多洛斯来说，圣诞节意味着一种神圣的仪式。然而对于孩子们来说，这是一年一度的狂欢。他们终于可以一边想象着圣诞老人乘坐着麋鹿拉着的雪橇飞驰在雪地里的场景，一边期待着自己挂在门口的长袜子里塞满了礼物。

今年圣诞节下了一场雪，月光洒满了白雪皑皑的白杨树，黑夜中村子闪烁着亮光。早在几周前，牧师公馆的前屋就萦绕着阅读《圣经》的声音，安娜和女儿们又在钢琴旁唱着圣诞颂歌，教会成员在扎满花环的壁炉前一边品尝咖啡和美食，一边谈笑风生。一家子特意去山林间选了一棵巨大的圣诞树，孩子们则尽心尽力地将它装点得好看。

在这几周里，牧师公馆的前屋总会萦绕着阅读《圣经》的声音、圣诞颂歌，以及小圣会的成员在扎满花环的壁炉前品尝咖啡时的欢声笑语。在安娜的叮嘱下，孩子们将巨大的圣诞树缀满了金银二色的彩带、气球、水果、坚果、蜡烛，还有一把把糖果，孩子们的礼物都堆在树下。安娜认为"圣诞节是居家最美的时刻"。圣诞节那天，提奥多洛斯会领着文森特和他的弟弟们走访病中的教友——为他们"带去圣尼古拉斯"。

第一章 童年——"这是一段阴郁荒芜的岁月"

每个圣诞节,一家人都会依偎在后屋的火炉边,从狄更斯的五部圣诞小说中选一部来读。其中两部一直烙印在文森特的脑海中:《圣诞颂歌》和《着魔的人》。一年又一年,文森特反复读着这些故事,他认为这些书"每次读来,都历久弥新"。炉火边的那个小男孩永远也意料不到,将来的某一天,他的心也会经历狄更斯笔下的一幕幕。那个时候,他幼小的心灵里就感觉到,圣诞与家庭有着一种不解之缘。

从记事起,凡·高家的孩子们就被要求自己动手为生日和周年制作礼物。女儿们懂刺绣、钩边、打结和编织,男孩子们会陶艺和木工。

同时,在母亲的监督下,每个孩子都会画画。他们掌握了拼贴、临摹、上色等装饰艺术,以便于装饰交换的礼物和便签。他们给喜欢的故事加上插画,模仿寓意画册给图像搭配文字。虽然那些从印刷品店和商店购得的礼物更加精巧,但自制的礼物还是会被视作对家庭奉上的最虔诚的献礼。

提奥头脑灵活,思维严谨,对于那些手工活儿向来得心应手,他制作了一只木头帆船,精美而雅致,得到了爸爸妈妈、兄弟姐妹的一致赞许。

大妹妹安娜、二妹妹伊丽莎白齐心合作,用咖色和白色两色的毛线钩成了一只麋鹿,栩栩如生,好像活了一样。

文森特拿出了他最擅长的画作,倾注心血用钢笔和黑色炭笔描绘了牧师公馆庄严肃穆的外景和万紫千红的花园。虽然只是黑白两色，但也足以让人浮想联翩。父母向来吝于对文森特表达情感，但从他们掩饰不住地频频点头和上扬的嘴角，也足以看出，他俩对此欣慰有加。

母亲安娜对于孩子们的晚餐食谱向来严苛有加，在她看来，良好的身体也是教养的体现。享用过丰盛的午餐，互换过礼物，一家人围坐在一起阅读和学习。壁炉里燃烧着红色的火焰，把寒冷的冬日夜空映照得通红，这大概就是津德尔特牧师公馆最温馨的时刻了。

从儿时起，圣诞节在文森特的心中都有着特殊的意义，这贯穿了他的一生。

8
家里最不好对付的小孩

19世纪50年代，在津德尔特牧师公馆附近生活过的人一定会注意到，有一个长着一头浓密的红色卷发的小男孩，时不时会从公馆的阁楼窗子里伸出头来对着熙熙攘攘的市集东张西望。仔细端详那张脸，长得富有特点：椭圆形的脸蛋，眉头高耸，下巴凸出，双颊肿胀，大鼻子，浅眼窝，下嘴唇永远往外撅起，显得闷闷不乐的样子。

见过他母亲的人会立马意识到，他与母亲出奇地相似。文森特的脸上布满了密密麻麻的雀斑，一双小眼睛泛着蓝色或绿

· 第一章 ·   童年——"这是一段阴郁荒芜的岁月"

色的光,它们时而锋芒毕露,时而空洞茫然。每当母亲热情地招呼着上流社会的人们,耐心地张罗着茶点水果,跟他们嘘寒问暖时,他总是溜进阁楼做着一些不足为外人道的事情。在客人们眼中,他是个怪男孩。

除了外表,文森特和母亲的相像之处更体现在性情上。他遗传了她多愁善感的性格,两人在美术上都颇有品位——比如插花、编织和家庭装饰(包括后来对画笔、钢笔、纸和颜料的喜好)。和母亲一样,他常感到忧心忡忡。他是个严肃焦虑的孩子——确切说来,根本就是个"小大人"。

两人都一样雷厉风行,性情有些急躁。早在识字之前,文森特就习惯了在纸上涂涂画画。他写字和画画的状态也同母亲一样亢奋,大肆挥洒墨水和颜料。

"要么大干一场,要么退出舞台。"文森特时刻警醒自己。

文森特很聒噪,像公鸡一样好斗,一位亲属抱怨他的字典里从没有"规矩"二字。母亲的专横让文森特起了逆反之心,常常为了反抗而反抗。比如一旦她称赞了他捏的泥像,他就偏要将它砸个粉碎。安娜和提奥多洛斯也尝试过给儿子一些惩罚,但是收效甚微。

"好像他有意添乱,真让我们伤脑筋!"提奥多洛斯只能哀叹,"果然是家里最不好对付的小孩!"

每当这时,文森特总是一溜烟跑到前面的墙角,迅速摆出一副鬼脸,又忽地一下不知跑去哪儿了。

他跑啊跑啊,看到仆人们正在公馆屋后的花园里插花、种花,他趁着他们不注意,纵身一跃就"逃"进了花园后面的小路,身后还留下不少飞舞的花瓣。

"文森特快回来!夫人不让你去那儿的!"仆人们对着文森特早已跑得没影儿的方向大喊,可哪里有人回应。

文森特溜进小路,穿过草地,来到了一条名叫格罗特比克的溪床,溪床里面淤积着厚厚的泥沙。一到酷暑,冰凉的溪水沁人心脾,他就会赤脚踩在柔软、精细的泥沙上,泥沙摩擦着脚掌,舒服得他心里痒痒的。父母坚决不允许孩子来这样荒芜的地方,但文森特却百无禁忌,他甚至能走到田地的尽头,走进荒野的怀抱:在那儿,覆盖着石楠与金雀花的沙地沼泽延绵不断,低洼的湿地上长有密密麻麻的灯芯草,以及孑然挺立的松木。

文森特深吸一口气,来自大自然的芳香沁人肺腑。他下意识地抬头看看天,惊奇地发现了祖国独特的天空与光线:海洋水汽袅袅上升到蔚蓝的天空,形成了变幻莫测的云朵图案,令世代的艺术家迷醉不已。"这是世界上最和谐的国家,"1887年,一位美国画家这样形容荷兰,"绿松石般纯净的天空下,一切都披上了柔和的太阳赋予的橙黄。"

荷兰人长久以来都以好奇心和观察力闻名,他们发明了望远镜和显微镜。津德尔特多风的沼泽地为文森特特有的观察力

第一章　童年——"这是一段阴郁荒芜的岁月"

提供了无尽的视野。他细细凝视着荒野上生命流转的瞬间：一朵野花的绽放，一头动物的生产，一只鸟儿的筑巢。他十分感谢母亲给予他的艺术启蒙，能让他把心中所感都通过画笔宣泄在纸上。

孤独充斥了文森特的童年，他后来写道："这是一段阴郁荒芜的岁月。"与父母、妹妹、同学，甚至提奥越来越疏离的文森特转而投向了自然的怀抱。

然而，终其一生，渴望被大自然抚慰的文森特反而被更深的孤独感包围。人毕竟是群居动物，是不可能脱离家庭和社会而存在的。

9
闹学记

1864年10月的一个雨天，提奥多洛斯与安娜将他们"最不好对付的"的儿子架上了自家的黄色马车，往北行驶了十三英里来到了泽文伯根镇。那儿，在一所寄宿学校门口的台阶上，他们与十一岁的文森特匆匆道别后便驱车离开了。

新校区还算宽敞明亮，大批教员负责照料一小群学生：二十个男孩和十三个女孩，都是布兰班特省高官、乡绅、富商和磨坊主的子女。学校在小学和中学两个分部均开设了丰富的课程。作为一名神职人员，提奥多洛斯显然享受了特殊待遇，但文森特的学费却给一个日渐庞大的家庭带来了沉重的负担。

这里的课业十分充实，但文森特只有一种被抛弃的感觉，父母驾着马车离开的那一刹那，他的心中就填满了孤独。之后的日子里，他会时不时地回想起学校门前那个挥泪道别的场景。"我站在普罗维利寄宿学校的台阶上，"十二年后他在给提奥的信中写道，"天下着雨，道路两旁依稀有几棵树，我望着小小的黄色马车驶过草坪，消失在路的尽头。"

孤独和恐惧时常萦绕在文森特的心头，令十一岁的文森特不堪重负。作为年纪最小的学生，文森特也没有受到任何特殊的优待。他的一头红发、乡村口音和怪异的行为让他愈发显得特立独行，同学对他的疏离让他在青春期的忧郁中越陷越深。

为了尽快逃离这个让他心里充满阴影的牢笼，文森特拿出了他对抗父母的劲头，在学校里开始大闹学堂。他与老师作对，和同学打架，就连学校里的普通职工都对他避之唯恐不及。这一切都让老师们头疼不已，只好与这个看似体面的新教牧师家庭做一次又一次的谈判。

于是，几周以后，提奥多洛斯赶来学校安抚这个郁郁寡欢的儿子。

"爸爸！"文森特一见到父亲，就激动得热泪盈眶，上前搂住了父亲的脖子，就像很小的时候那样。提奥多洛斯看到这一幕，也心生怜悯，轻轻地拍了拍文森特的后背。

"爸爸，带我回去好吗？我保证在家里不再淘气了……"

·第一章· 童年——"这是一段阴郁荒芜的岁月"

文森特眼泪汪汪地看着父亲,带着恳求的语气,他难得在父亲面前表现得如此脆弱。

父亲沉默了片刻,没有说话。

提奥多洛斯并没有把儿子带回津德尔特。

接下来的两年里,提奥多洛斯不时前去探望,文森特也依然只在假日回津德尔特与家人团聚。文森特对于家的渴望如此强烈,一封一封的家书几乎堆满了牧师公馆。最终,在1866年的夏天,面对雪花般飞来的信件,面对跃然纸上的歇斯底里和黯然神伤,文森特的父母终于心生怜悯,束手妥协。文森特终于可以离开泽文伯根这个富丽堂皇的牢笼。

然而,他却逃不开再次被放逐的命运,安娜与提奥多洛斯决定将文森特从泽文伯根转学到蒂尔堡学校。

学校建筑本身就是男孩们的噩梦,一座怪异、森严、低矮的建筑,四面还有高高的角楼,与其说是学校,不如说是监狱。作为一所全新的高等资产阶级的学校,蒂尔堡学校聘请了大批杰出的教员。由于多数教员并非全职,所以学校的课程从天文学到动物学应有尽有,甚至还吸引了一些声名显赫的学者远道而来。

但这些,文森特却不屑一顾,对他来说,只是从一个牢笼跳脱到了另一个更深的牢笼里。尽管文森特对学校的所有课程都不屑一顾,但由于早期启蒙积累的基础,他在入学考试取得了十分优异的成绩。只是十分不幸的是,他必须要把在津德尔特的田野里放飞自我的所有精力都用在繁重的荷兰语、德语、英语、法语、代数、历史、地理、植物学、动物学、几何学和体操的学习上。

其中，执教美术课的康斯坦丁·于斯曼魅力非凡，是蒂尔堡学校的明星教员。作为荷兰颇有威望的艺术学者，于斯曼编写的艺术教育课本首屈一指。于斯曼认为，荷兰的黄金时代取决于美术教育：通过艺术的辉煌推进经济的腾飞。他声称，受过绘画训练的学生不仅"眼光更为精准"，头脑"更为专注"，而且具备"一双发现美的眼睛"。

文森特于1866年秋天第一次走进课堂便领略了于斯曼对美术教育的思考和创新。每个学生的工作台和绘画板都排列在教室中央的大台子上，那儿展示着每日的最佳作品——可能是一件鸟类或松鼠标本，也可能是一只石膏手或石膏脚。于斯曼在教室里四处走动，以独特的方式轮流关注每位学生。与过去枯燥沉闷、以讲台为中心的教育方式相比，这种新的教育模式显得惊世骇俗。于斯曼宣称："教师必须能够随时调整以适应课程需要和因材施教。"学生们都觉得他的课程"启发良多""鼓舞人心"。

于斯曼将他在著作中倡导的从新视角思考艺术的理念在课堂上实践——看待艺术要用新的视角，创造艺术亦是如此。传统艺术教育注重的绘画"技艺和技巧"遭到了于斯曼的炮轰，他敦促学生们致力于寻找"表达的力量"。

第一章 童年——"这是一段阴郁荒芜的岁月"

"比如画一面墙,"他说,"一个画家如果绘出每一块石头上涂上的每一抹石灰,那么他就大大背离了艺术精神,他至多是个砌砖匠。"

讲到喜爱的风景画,于斯曼不免要带领学生们出门写生。在他看来,"造物主壮丽的自然"是"一切美的源泉"。于斯曼同样强调艺术透视的精神维度。他认为,艺术教育的首要目的在于"培养敏锐的观察力"。没有什么比这个目的更为重要——我们需要放眼去"看",而不是机械地去"透视"。研习其他种类的艺术品也是于斯曼教学方法的重点。他在用作课堂讲解的大批复制品上花费了大量时间。他还鼓励学生多去博物馆和展览馆,培养"艺术嗅觉"。他认为:"没有这种嗅觉,就不可能创造出美与高尚。"

文森特只能在这为数不多的美术课堂上,感受到自由灵魂的升华,这却让他更加想念家乡了,让他想起了那段在乡间的岁月。

蒂尔堡和津德尔特之间二十英里的路途,是泽文伯根离他家的两倍,这让家人前来探望和他回乡都变得颇为艰难。当文森特抵达布雷达的火车站时,要是黄色马车没有出现,那么他就必须徒步跋涉三个小时才能回到牧师公馆。即便是在短暂的假期里,弟弟妹妹能见到文森特的机会也越来越少,每次见面也几乎没有话题可聊。

但每次一回到学校,思乡病又会袭来。即使回了家,也终究要告别离开，这成了一个残酷的恶性循环。在一张摄于蒂尔堡学校的照片上，其他同学靠在台阶上，摊开四肢，舒展身体，随意地张望着两旁，看起来无忧无虑。文森特则坐在第一排，双手环抱，双脚紧紧交叉在一起。他耸着肩，身体前倾，将军帽护在膝头。他永远垂头噘嘴，一副愠怒的样子，他蹲坐在自己的地盘内，闷闷地望向镜头，好像正从一个隐秘、孤独的堡垒里暗中窥探眼前的世界。

1868年3月，学期结束的两个月前，还有数周就满十五岁的文森特走出了蒂尔堡学校。

在一个雨夜里，牧师公馆的门被敲响了，母亲一脸诧异地看着门外浑身湿透的文森特……

对于出走，文森特并没有合理的解释。不管父母如何疼惜他们所花费的学费、寄宿费、差旅费，还必须忍受失败的羞耻和他人的嘲笑，文森特却仍然满脸固执，无动于衷。毕竟，他达到了他的目的。他回家了。

· 第二章 ·

上帝与金钱——

『噢,耶路撒冷!哦,津德尔特!』

1

父亲的事业

每个周日,凡·高一家都会身着肃穆的黑色服装,从津德尔特牧师公馆来到附近的教堂,他们会挑又高又窄的讲道坛前方一排特殊的位置就座。文森特特意选择坐在讲道坛下方的位置,因为从那儿可以看到整个仪式。从小,他就对父亲神圣的事业感到好奇。脚风琴演奏的悠扬音乐招来了身着黑色长袍、面容冷峻、踱着步子进场的执事。最终,牧师出现在了眼前。

这是个清秀的小个子男人,在人群中并不突出。但在这儿,肃穆的仪式中他是主角,他出类拔萃。灯光照射在他的银发上,本就白净的脸庞在黑袍的映衬下越发圣洁,立领上颠倒的V字标志将他的身体衬托得像是一支笔直的箭。

接着,他登上讲道坛。

讲道坛悬在半空,顶上罩着锈迹斑斑的扩音板,四周有护栏,勉强能够容下一个人。整个讲道坛看起来就像一个刚刚被打开的贵重盒子,在众目睽睽之下展示着其中的宝物。每个周日,提奥多洛斯·凡·高都会隆重地登上陡峭的阶梯步入讲道坛。文森特离得太近,几乎在讲道坛的正下方,以至于必须仰着脖子才能看到他的父亲登上讲道坛。

高高在上的提奥多洛斯掌控着整个仪式:诵赞美诗,指

·第二章· 上帝与金钱——"噢，耶路撒冷！哦，津德尔特！"

挥奏乐，引导圣会进行祷告。在布道时——这是整个仪式的核心，他用的是高地荷兰语，在布拉班特这类小地方鲜有人使用这种语言。提奥多洛斯的布道充满了维多利亚式华丽的辞藻、抑扬顿挫的音调、强迫性的反复、雷鸣般的高潮。他的手势比平日里的幅度更大，更夸张：每一次摆臂或每一个手势都因巨浪般翻滚的袖口而得到了戏剧性的无限放大。仿佛此时他不是在布道，而是在进行莎士比亚戏剧中的表演。

在津德尔特的新教徒眼里，提奥多洛斯·凡·高不仅是来传递福音的，还是他们的救世主。不像其他教区的牧师，在这个边区村落，提奥多洛斯担负起了精神向导和领路人的双重角色，牧师公馆成了教众社交的场所和精神的寄托。凡·高家的前屋每天都挤满了阅读、学习或到访的教徒。

提奥多洛斯也不知不觉地把领袖作风带回了牧师公馆。在凡·高家，礼拜似乎永远不会结束，它只不过从教堂转移到了前厅。那儿的碗柜里堆满了圣餐饼盘、圣杯、《圣经》及各类赞美诗。衣柜顶端放有一尊耶稣像，门厅上悬着用成双的玫瑰装饰的十字架。整整一周内，凡·高家的孩子们都要听父亲用慷慨激昂却有些滑稽的教堂腔调讲道，前厅圣坛的声音可以抵达小小的牧师公馆的每个角落。每晚在餐桌前，他们都能听到同样的祷告："主，让我们团结一心，让我们因对你的爱而更亲密无间！阿门！"

不讲道和不祷告的时候，提奥多洛斯总会远远地离开他亲爱的家人。情绪反复无常、喜静不喜动的提奥多洛斯总爱把自己关在书房里阅读和准备布道,他很少与家人交流,只与他的猫做伴。他的爱好也充分体现了他内心深处的孤独:他爱抽烟斗、雪茄,还爱小酌几口。几小时的独处之后,他会"轻松地散会儿步"。这些漫步在他看来是"大脑的滋养品,最能启发人心"。提奥多洛斯体弱多病,一旦病倒,他会变得更情绪化,拒人于千里之外,因为他笃信"少露面,病就去得快"。自我监禁的日子让提奥多洛斯变得烦躁、古怪,他甚至拒绝食物,一心认为禁食可以加速他的康复。

面对文森特童年时整出的一出又一出"闹剧",提奥多洛斯的为父之路格外曲折。热烈的父爱中总隐藏着猛烈的批判,苦口婆心地劝慰之后总有一番疾风骤雨般的谴责。他声称尊重儿子的"自由",但却不遗余力地对其加以声讨,以"胡闹"责备儿子让父母"伤心难过"。

千方百计试图赢得父亲眷顾的文森特面对的却是一个苛刻顽固的父亲。父亲笃信"与人结交,才能成人",文森特的孤僻却让他永远只能做一个游离的流浪者。父亲竭力敦促他的孩子们"为团结与相聚而独立",但文森特的倒行逆施只能不断成为家庭和谐的绊脚石。父亲劝诫孩子们"总是要对生活保持热情",但文森特在学校,甚至牧师公馆里表现出的孤僻像是摆出了一副否定生活的态度。

发自内心想要为儿子提供帮助的提奥多洛斯还是没能在心

·第二章· 上帝与金钱——"噢,耶路撒冷!哦,津德尔特!"

底接受文森特,提奥多洛斯的所作所为总是背离了想要与孩子和谐相处的初衷。父子俩不断被激怒,又不断否定与自责。

2
森特伯伯

在被家庭占据了一切的童年中,只有一个人有分量匹敌父亲在文森特心中的地位,那便是他的伯伯,画商文森特·凡·高。其他的亲戚要么不是经常来访,要么就是住在很远的地方,但"森特伯伯"与文森特家的关系却格外密切。首先,他娶了安娜的妹妹科妮莉亚,促成了提奥多洛斯与安娜的结合;其次,他与妻子并未生育子女。这些因素让文森特·凡·高把兄弟的孩子们视为己出,也让他和小文森特,这个同名的侄儿,如父子般亲密。

文森特小的时候,住在海牙的森特伯伯时常来访。森特和提奥多洛斯的相貌极其相似,一样矮小的身板,一样的发色。但两人的相似也仅止于外貌,与不苟言笑的父亲比起来,森特伯伯整天一副俏皮快活的样子。父亲喜欢引经据典,而森特伯伯却有很多生动的故事。他们的妻子也性格迥异,安娜对待孩子严厉苛刻,而科妮莉亚却把本该留给自己孩子的溺爱统统倾注到了姐姐的孩子们身上。

两个家庭最大的区别,就是选择的道路和带来的收益。森特很富有，夫妇俩总打扮得光鲜亮丽。他们的故事中充斥着国王、王后、贸易大亨，绝不会有农民、商贩的影子。他们住在海牙一座豪华的宅邸里，而不是乡下拥挤的牧师公馆。文森特九岁时，森特搬往巴黎，连续购置了多处能让他们引以为傲的漂亮公寓和别墅。父亲几乎从未走出过津德尔特这个贫瘠荒凉的小地方，森特伯伯却仿佛漫游过地球。在父母骄傲地给孩子们读的一封又一封来信中，文森特的心跟随森特伯伯一一遨游过意大利的古城、瑞士的山川，以及法国南部的沙滩。森特在里维埃拉度过夏日，每个圣诞节，他都会从一个个温暖迷人的地方给冰冷的牧师公馆捎来问候。在他那儿，"随处可见"各种只能在荷兰大棚里生长的奇珍异果。

提奥多洛斯·凡·高继承了祖先的神职工作，他的哥哥文森特则投身于这个家庭的另一项传统追求：经商致富。1841年，他在离史佩街几个街区的地方开了一家卖颜料及美术用品的商店。

光顾商店的客人大多像他一样是来自富裕家庭的年轻人，他们属于锦衣玉食的资产阶级，有时间和闲暇享受艺术。魅力十足、擅长交际、机智爽朗的森特自如地出入于海牙艺术圈里的顶级画室和一个个烟雾缭绕的艺术家酒馆。他白天练剑，晚上参加派对。他打扮帅气，在业余戏剧演出中崭露头角，还爱好歌唱。他的某个伙伴这样回忆："我们这一伙是多么歌舞升平，多么神采飞扬！"

·第二章· 上帝与金钱——"噢,耶路撒冷!哦,津德尔特!"

也许正是在资产阶级社交圈里的如鱼得水让森特发现了致富的商机,19世纪中叶,荷兰乃至欧洲的中产阶级正争相买进艺术品。不论是廉价的木版画还是昂贵的蚀刻铜版画,奢侈艺术品的销量剧增。资产阶级新贵的家中堆满了古典历史人物画、自然风光画、静物画和宗教画。

19世纪中期,森特的小颜料店成了海牙为数不多的几个出售艺术品的场所。1846年,店铺生意蒸蒸日上。在那儿,各个等级的雕刻师和画家可以给他的店铺提供任何尺寸、主题和价位的画作。

这就是后来贯穿凡·高一生的古庇尔画廊的雏形。

森特很快领会了古庇尔精神的精髓:画作是商品,而非独一无二的艺术品。一个成功的画廊经纪人只有摸准了大众的品位,才能寻找到与之匹配的画作。不久以后,巴黎对海牙的单向供货变成了巴黎与海牙间的双向互补。19世纪50年代末期,古庇尔已经建立了一整个工厂来满足大众的新需求。

3
艺术与商业

1867年11月,操劳过度而未老先衰的森特在四十七岁那年摘取了国家最高荣誉,——威廉三世国王授予了文森特·凡·高橡树桂冠骑士的爵位。

森特受封之后不久，文森特却回到了牧师公馆。对文森特的父母来说，荣与辱之间的落差令人心碎。文森特如果不能延续家族的良好名声，不能像他父亲那样成为一名体面的牧师，那么唯有在商业上大展宏图才能挽回脸面，光耀门楣。

文森特本人十分犹豫，他觉得自己必须选择一份职业，却不知从何着手。接下来的大半年里，他都在无所事事中度过：他对牧师公馆、对家百般留恋，父母则一次又一次试图将他推往外面的世界。他流连在旷野，搜集甲虫，在阁楼上把玩"藏品"，充耳不闻街坊邻居对自己的议论和闲话。

森特伯伯愈是事业有成，安娜夫妇对文森特就愈加期待。膝下无子的森特伯伯一生揽得无数荣誉，无疑，大家都认为森特一定会对自家人格外慷慨。海牙总店的经理去世后，森特让一个年轻的外姓职员接替了他。显然，对这个年轻有为、活力四射的外姓人的任命给大家传递了一个再清晰不过的信息：森特伯伯早就决定，他要提拔的凡·高家族的后辈必须实力非凡。

最终，在1869年7月，在离开学校十几个月后，也不知是迫于压力还是突然开窍，文森特妥协了。在海牙，刚过十六岁的文森特成为古庇尔公司的一名职员。父亲留下几句祝愿后便匆忙离开，当然，这祝愿中除了鼓励和告诫，分明还夹杂着些许的担忧。

一旦决定回归正轨，文森特也很快就拥抱了他的新生活，

第二章 上帝与金钱——"噢,耶路撒冷!哦,津德尔特!"

似乎想要为多年的懒散赎罪。他百般努力,一门心思扮演好他的新角色。昨天,这个邋遢粗野的乡下男孩还在家中摸虾捉鱼,而今,他摇身一变成了荷兰最耀眼的大都市中前程似锦的明日商业之星。他换上了年轻绅士们的夏日行头,他的周末不再浪费在荒原和田野中,而是与其他时髦的人们一起在附近北海的海滨浴场——席凡宁根的沙滩上度过。工作时,他埋头扮演好公司卓越的领导者森特伯伯的"门徒"(他如此自称),他承认,与伯伯同名这个事实让他不禁油然而生一丝"恰如其分的自豪"。

如果文森特在古庇尔需要寻找一个榜样,那么,他的上司赫曼努斯·海斯贝特·泰斯提格可以满足他的一切愿景。泰斯提格英俊、勤奋,有与他年龄(二十四岁)不符的镇定自若。他年纪轻轻就攀上了事业的高峰,并且完全依靠自身能力,没有任何家庭背景的帮扶。而且,他仪表堂堂,对穿着打扮十分在行。同时,他记忆力非凡、观察力敏锐、举止儒雅得体,迅速赢得了森特的赏识和信任。在这个圆滑机敏的年轻人身上,文森特无疑看到了自己未来的发展方向。

以泰斯提格为榜样的文森特将身心都扑在了他的新工作上,在给提奥的信中,他这样写道:"我很忙碌却乐在其中,因为这就是我想要的。"文森特把大把的时间都花费在了库房里,画廊的巨额生意都在这儿一锤定音,完成的油画订单也变成了大部分的利润来源。在大量的库存中找到所需的复制品之后，文森特会小心翼翼地将它们叠在一起，打包邮寄给客人。偶尔，他也会帮忙装箱上船或者在直供艺术家作品的店铺里招呼客人。

在对新工作的热情中，文森特对一个全新的领域突然产生了狂热的兴趣，那就是艺术。他如饥似渴地阅读关于荷兰及各地艺术家、艺术史和艺术收藏的书籍，他埋首于最新的艺术杂志——在海牙这样的国际大都会，这些读物应有尽有，令人目不暇接。他经常去参观莫里斯皇家美术馆。"尽可能多去博物馆，"文森特这样建议他的弟弟，"多看些古董画是件好事。"

在荷兰艺术革命风起云涌的关头，没有人注意到另一批法国画家已经登上了艺术舞台。他们吸取了巴比松画派的教训，重新调整了对光线和影像的处理。1871年秋天，一位名叫克劳德·莫奈的年轻法国画家悄悄出现在了荷兰，出现在了普拉茨。

也许就是在这些地方，文森特感受到了即将兴起的艺术革命的征兆。随处可见的成排的风车、城镇的街边风景、狂风中颠簸的渔船和滑冰场上欢乐的游人，自一个世纪前以来，一直是荷兰艺术家创作的素材，但这些新生代艺术品有着模糊的构图、随意的笔触、柔和的色调、薄透的光线，与当时占主导地位的、讲究细节精准和浓墨重彩的绘画风格相去甚远。在文森特那新奇的眼光中，当时的许多此类风格的画作似乎有一种尚未完成的感觉。然而，不久以后，泰斯提格开始购入它们。

作为一个天生的橱窗设计师，文森特尤其擅长发掘作品

·第二章· 上帝与金钱——"噢,耶路撒冷!哦,津德尔特!"

之间的联系,不单单看它们是否表现了同一主题,是否出自一位艺术家之手,他还能清晰地判断它们的风格、氛围,以及排列组合的顺序。他建议朋友们和客户们制作当下时髦的剪贴簿——可以在空白的本子上收集喜欢的画作。

但成功或者成功的希望都不能拂去文森特的孤独,十余年后,他描述自己在海牙的早年岁月为"痛苦的日子"。1870年冬天,森特害病,几乎奄奄一息,泰斯提格全权掌控了公司。几乎在一夜之间,他对上司侄子的态度有了180度的大转变。办事利落、气度不凡的泰斯提格对文森特的拖泥带水和举止怪异早就如鲠在喉,他把这归咎于文森特的乡野习气,但碍于老板森特的面子一直隐忍。而现在,这种蔑视赤裸裸地显露在怒气冲冲的谩骂和脱口而出的诽谤中。

文森特则对泰斯提格又爱又怕,曾经的偶像对自己的轻蔑让他感到痛苦不堪。"我开始保持距离,"他后来回忆道,"这是一道永远无法愈合的伤疤。"

4

通往赖斯韦克之路

1870年11月,一个爆炸性的消息从家中传来:全家人即将离开津德尔特。坚守岗位二十二年后,提奥多洛斯接受了距离布雷达以东二十五英里的赫尔瓦特的任命,那儿有一个濒临解散的布拉班特圣会正等着这个无私忘我的布道者去拯救。那一年，凡·高一家一起庆祝了在津德尔特的最后一个圣诞节。1871年2月，他们永远告别了牧师公馆、花园、溪流和荒野，举家搬迁到了赫尔瓦特。

在搬家带来的感伤中，文森特只与他在牧师公馆的唯一盟友提奥取得了联系。

1872年8月，也许是在文森特的百般劝说下，提奥来到海牙探望哥哥。他现在十五岁了，差不多是文森特离家时的年纪。他待了一段时间——差不多足以让文森特重新习惯他的陪伴。他们去了莫里斯皇家美术馆，在那儿，文森特可以炫耀他获得的惊人的新知识。但大多数时候，他们就是这样走着，从不多言语一句。

有一天，他们突发奇想来到了席凡宁根的海滩。两人没有走两侧建有别墅的时髦大道，而是由文森特选了一条需要穿越树林的神秘小径。还有一次，他们决定朝反方向行进：往东，去往赖斯韦克的方向，看起来很像是去参加某个家庭聚会。

赖斯韦克运河旁，兄弟俩并排走在堤坝上。不经意间，一艘扬帆的驳船悄然滑过。在堤坝以内一座古老的风车前，他们停顿了一会儿，便走进运河岸边的一座屋舍中参加派对。当宾客们围在一起拍照时，他们紧挨着站在后排：在按下快门长时间的等待中，提奥还是那么乖巧老实，文森特则像前排调皮的孩子一样焦躁不安。

·第二章· 上帝与金钱——"噢,耶路撒冷!哦,津德尔特!"

去往赖斯韦克那天的经历和席凡宁根雨天的告别一样,给文森特留下了不可磨灭的回忆。多年后,他还能对当天的点点滴滴如数家珍。他感叹道:"那天美好得无法用语言来形容。"后来的日子里,他将那天称为"失落的伊甸园"。在这个伊甸园里,兄弟俩不分你我,惺惺相惜,"仿佛合为了一体"。被同事孤立、被父母嫌弃、被童年的故土驱逐流放的文森特相信,他最终找到了一个灵魂伴侣。

去往赖斯韦克的经历成了一个寄托,这个寄托在文森特之后的人生中再也没有改变过。提奥一离开,文森特就提笔给他写信:"亲爱的提奥,一开始的那几天我很想念你;傍晚我回到家发现你不在,让我浑身不自在。"正是从这封信开始,大量的信件在兄弟之间来往如梭,默默记述着兄弟俩幽深又复杂的情感。

文森特命途多舛,首当其冲的受害者便是弟弟提奥。赫尔瓦特牧师公馆已经陷入了经济危机,文森特很有可能面临解雇,需要家里供养。而且,一旦文森特到1873年3月年满二十岁,他很有可能上征兵名单。到那时,提奥多洛斯只能把他送上去苏门答腊岛镇压殖民起义的航船,或者花钱让他不去服役,那又将是一大笔费用,而只有提奥能提供家里需要的另一份经济来源。提奥多洛斯和森特商量之后,给提奥在布鲁塞尔的古庇尔分店找了一个学徒的职位——与文森特曾经的工作一样。提奥起初不愿意,不像哥哥,他喜欢上学,不想离开他在赫尔瓦特的朋友们。但责任摆在眼前,他别无选择。

而此时,文森特却必须离开海牙。

也许是在制订来年计划的会议上,森特和泰斯提格作出了这个决定。1月底,泰斯提格通知文森特,他可能很快会被调往古庇尔伦敦分行。显然,文森特对此毫无准备。

离开前的一个月,文森特被持续的恐惧所笼罩,因为他总忍不住设想自己即将被孤独和乡愁折磨。他漫步穿过城市,拿着画板来到郊外,缅怀着他即将要离开的"家园"。他提起铅笔迅速描画着什么,仔细地用钢笔描上线,用软芯铅笔打上阴影。画画好似一种仪式,能给他带来心灵的慰藉:有的画再现了古庇尔画廊外的街景,有的画描绘了他和提奥去赖斯韦克途经的运河和堤坝,还有的画只表现了远处有辆马车驶离的长长的路——就像父母驾着马车离开泽文伯根所走的那条长长的路。

当文森特环顾四周时,他很清楚,他在这里不会有任何未来,他再不可能成为森特从未有过的那个儿子。那个梦已经失落在了海牙或是巴黎,无论如何也不可能重现在伦敦库房处理订单的办公桌上。他已经被驱逐出局,漫长的流放正要开始。

5
伦敦

如果说海牙街头井然有序,那么伦敦街头则混乱不堪。下

·第二章· 上帝与金钱——"噢，耶路撒冷！哦，津德尔特！"

了河岸街，就到了位于南安普敦街的古庇尔办事处。去那儿报到的第一天，文森特就感觉被甩入了一片人海。交通拥堵，几乎要双脚离地才能穿过街道。尤其在傍晚，一列列蜿蜒的行人将人行道、桥梁和广场围得水泄不通，快速移动的人群不时会被乞丐、擦鞋匠、妓女、小丑，或者另一拨横穿的人流打断。当然，你还能看到翻着筋斗想要讨一个便士的赤脚男孩，以及操着文森特听不懂的语言大声叫卖各式货品的小商小贩。

城市变得越来越不宜居住，文森特像很多新居民一样来到郊区寻求庇护，但那儿的乡村生活也不温馨浪漫，相反有着严重的城镇化。那时，一栋栋拔地而起的别墅已将城市重重包围。在其中的一个新社区里，文森特找了一户寄宿的人家。邻居们十分随和友好，享受乡村生活的代价便是，文森特早晨6点半就必须出门。他先步行至泰晤士河边的码头，乘一个小时的蒸汽船，然后再穿过拥挤的街道赶到古庇尔办事处。

没有摆脱海牙事件阴影的文森特努力重新开始。在父母和伯伯的耳提面命下，他在伦敦的日子过得充实而紧张。森特伯伯开始邀请文森特参加宴请古庇尔大客户的晚宴，文森特花了一个愉快的周六与画廊的同事在泰晤士河上乘坐游船，他还坐在客厅的钢琴前与室友们——三个热诚的德国人——共度那些"赏心悦目的夜晚"，或与他们花上一整个周末去郊外散步。

再一次，文森特竭尽全力跻身母亲渴望他进入的阶层，他对艺术的品位也被全新的标准引领着。在兼收并蓄的四年之后，他的嗅觉越来越精准，越来越符合商业的需求。

从国家美术馆回来以后，一切都深深镌刻在了文森特的心底。国家美术馆的列奥纳多·达·芬奇和拉斐尔、多维茨画廊的盖恩斯伯勒和凡·戴克、南肯辛顿博物馆的威廉·透纳——所有这些人的作品都让文森特甚为震撼。即便多年以后文森特回忆起它们时，那些细枝末节也会令人惊讶地再次浮现在他的脑海中。然而那个夏天，文森特满脑子只有乔治·鲍顿画中的那个意象：一个年轻的绅士和一个看着像是他母亲的女人走过家族的宅地，这让他想起了自己的母亲。这幅画名叫《继承人》，文森特非常喜欢它，照样子画了一幅素描寄回了家。

然而，文森特在社交上的种种努力统统付诸东流，孤僻的老毛病又犯了。"在这儿，我完全没有存在感可言。"文森特后来这样描述他的伦敦时光。像在海牙时一样，他有意避开人群，由此错过了譬如伦敦塔、杜莎夫人蜡像馆等再寻常不过的旅游景点。独处的时间越来越长——他"散步、阅读和写信"。父母揣着他那些"沉重愁苦"的家信百般焦急。"真是个怪人！"这样的评价又一次出现在他们忧心的谈话中。

工作让文森特垒起了一堵与外界隔绝的墙，在伦敦给印刷商填写订单的单调工作令他分外想念海牙丰富的工作内容。他向提奥抱怨："这儿比那儿无趣得多！"古庇尔伦敦分店没有画廊，他只与经销商和匆匆赶来又匆匆离开的办事员打交道。

第二章 上帝与金钱——"噢,耶路撒冷!哦,津德尔特!"

他们没有时间谈论艺术,也没有一间可供艺术家欣赏、交流技巧和闲聊的颜料店。库房很忙,每天要处理上百幅印刷品,但存品其实有限。文森特对每天经手的大多画作并无好感。他向提奥发牢骚:"好画太难找了!"身边的一切都提醒着他,他被从欧洲大陆上最为辉煌的艺术品天堂流放至此。"你尤其得和我说说最近看到的画,"他央求弟弟,"或者新近推出的蚀刻画和平版画。你最好畅所欲言,我这儿已经很久看不到这样的作品了!"

不论文森特如何迫切地希望利用辛勤工作赢回在家中的地位,可惜的是,这个位置早已被取代。11月,也就是在文森特被调离仅仅六个月后,提奥被调至了海牙。

兄弟俩的差别再明显不过:提奥有着赏心悦目的容貌和温文尔雅的举止,不费吹灰之力就能进入状态,客户们认为他"老练又细心"。提奥不仅在外貌上与他声名显赫的伯伯更相似,还有堪比森特的"好口才"。据说,十六岁的提奥已经知道"如何与客户们周旋""如何提升他们的眼力"。很快,提奥不但得到了他那严厉的上司的赏识,也赢得了他那将一切都默默看在眼里的森特伯伯的认可,从那以后,森特再也听不得"旁人说他侄子的不是"。

文森特让大家伤心失望,提奥却以自己的成功让赫尔瓦特牧师公馆欢呼雀跃,他们终于可以松一口气了。提奥不仅让全家再次燃起向森特提供一个继承人的希望,而且令人欣慰的是，他在十七岁的年纪就已经能够养活自己了，文森特可是花了多年工夫才做到这一点。提奥多洛斯在信中写道："你小小年纪就有能力赚取高薪，这真让我骄傲。""这真了不起！"在海牙，提奥担负起了文森特无力承担的家庭责任。提奥成为人人钦佩的榜样，父母也对他极尽感激、鼓励，给予他毫无掩饰的偏爱。在给提奥的信中，他们写道："好好照顾自己，永远成为我们欢乐的源泉和心中的第一！"

提奥的成就既然已被"昭告天下"，当然也没有逃过文森特的耳朵，他已经从泰斯提格那儿听说了弟弟被破格晋升的消息。听到这个消息，文森特的态度十分暧昧，喜忧参半。尽管二人平时通信极为频繁，这一次，文森特拖延了很久才动笔，信的内容简短又敷衍。很快，提奥却成了回信拖拖拉拉的那一方，经常隔几周才回复哥哥的来信。——未来他们一直处于这样不平衡的状态。

三月中旬，新画廊开张的前一天，文森特接到消息，他将立即被调往巴黎。这一次的调离仍是"短暂"的，但其中的信息很明显：公司的领导们已经对他失去了信心，他不可能被委以重任。他的职位被另一位英国学徒取代，他再也回不来了。

在赫尔瓦特，父母作好了最坏的打算。"我希望他能坚强一些。"提奥多洛斯十分焦急。提奥也担心"那儿的人对文森特毫无同情心"。"没人知道他心里会想些什么"，"他总那

·第二章· 上帝与金钱——"噢,耶路撒冷!哦,津德尔特!"

么善意,却没人相信他",哥哥如此敏感,该如何面对人生的低谷?提奥陷入了深深的忧愁。

巴黎的信终于来了。提奥多洛斯说,这是一封"奇怪的信",却没有解释原因。也许是因为信尾附上的这首《流放》:

> 为什么要将他
> 从一个泊岸驱逐到另一个……
> 他,是这片热土的
> 荒凉之子。
> 让我们赐予一片家园
> 一片家园
> 给这卑贱的流放者。

读完信后,提奥多洛斯自我安慰道:"也许是这些热情和付诸东流的努力,过度地刺激了文森特。"但他无法遏制那些可怕的念头。"天知地知,你知我知,"他只向提奥倾吐了心事,"不论是关乎身体还是灵魂,我想文森特是病了。"

6
巴黎的一瞥

1875年冬,一群标新立异的青年画家将巴黎的艺术界搅得天翻地覆。传统画派给他们安上了各种各样的名号，包括"印象派"和"疯子"。他们声称用新的眼光去看世界，还自豪地宣称：他们使用的明亮色彩和松散的笔法能以更科学的方式捕捉形象。虽然仅有寥寥几名支持者，但他们声称能"画出"光线——前提是拒绝使用暗影，抛弃在物体反射上做花样的传统手法。

印象派刮起的"新风潮"引来了巴黎多数艺术人士的嘘声和嘲笑，这些艺术元老拘泥于文艺复兴时期学院派的作画与造型方式。他们认为印象派的作品是"罪恶""荒诞"的，是"一摊烂泥"，指责克劳德·莫奈等先锋画家发起了一场"审美的战争"。

高潮爆发在1875年3月，一群穷困潦倒的先锋画家计划在巴黎的拍卖中心德鲁奥酒店拍卖他们的争议作品。这一事件激起了众怒，人们讽刺艺术品，辱骂艺术家。每呈上一件作品，他们就报以嘘声；当画作卖得几个铜板时——一幅莫奈的风景画卖50法郎，他们更是手舞足蹈，百般嘲弄。"一个画框都不止这个价！"有人喊道。拍卖师回忆道，当时他很担心自己会被这群发疯一般的观众"捉到疯人院"。

两个月后，文森特抵达巴黎。

那时，这场风暴已经席卷了巴黎艺术界的每个角落，处于风口浪尖的画家们会在晚上聚集于蒙马特酒馆，这里距离文森特供职的古庇尔画廊所在的夏普塔尔大街仅仅几个街区。在距

第二章 上帝与金钱——"噢,耶路撒冷!哦,津德尔特!"

离文森特的寓所不远处的煎饼磨坊里,雷诺阿支起画板捕捉跳着华尔兹的欢快小情侣。任何一个夜晚,在距离文森特住处几步之遥的音乐厅、酒吧,一定有德加手持画板的身影。

文森特去古庇尔的另一家分店时,也常经过雷诺阿和马奈的画室。在马奈的作品被沙龙一一拒绝后,他开始将公众请进自己的画室,让他们亲眼见证作品诞生的过程。6月,文森特去了臭名昭著的拍卖暴乱事发地德鲁奥酒店,那儿就在古庇尔蒙马特大道分店的附近。在这条路上,他一定不止一次遇到过一个名叫保罗·高更的年轻股票经纪人。他供职于附近的股票交易所,闲暇时画画。

但所有这一切都与文森特全然无关。不论新旧艺术之争如何在他身边闹得沸沸扬扬,在文森特暂居巴黎的那段日子里,他从没提到过印象主义或是印象派画家。十年后,当弟弟试图培养他对"新兴艺术家"的兴趣时,他只回答道:"我完全没有留意到他们的存在。"

一切的缘由就在他抵达巴黎后给父母发去的一封"奇怪"的信中:文森特遇见了他一生想要追寻的事业。

多年来,文森特一直渴望成为一名成功的画商。而今,他开始鄙夷追求世俗成功的种种想法,一心只想像上帝那样有一颗"丰盛的心",几乎连艺术本身都要被他否定。"不要再夸大艺术给你带来的感觉,"他这样提醒提奥,"不要把自己完全交给艺术。"

多年来，文森特并不是虔诚的信徒。而今，他却几乎用命令的口吻敦促提奥"不管布道多么枯燥""每个周日都得去做礼拜"。

沉浸在虔诚信仰中的文森特对外界的一切都漠不关心，不论身边的巴黎艺术界如何风起云涌，不论青年先锋画家与保守派如何针锋相对，文森特把自己关在小屋内，阅读《圣经》，净化心灵。

文森特超凡脱俗的爱好给他的工作带来了种种问题。6月，当他得知不能如愿回到伦敦的时候，这股对新环境的新鲜劲头马上消失得无影无踪。他对基督的虔诚不但没能抚平他的失望，也没能让他在夏普塔尔大街结交除了格拉德威尔之外的第二个朋友。如果文森特试图说服身边的人，那么他们一定会像森特那样不耐烦地断然拒绝他："我对布道的事情毫无兴趣。"

文森特后来将他在古庇尔的销售工作戏称为"娱乐顾客"，这从某种程度上体现了文森特边缘化的职位和他惨不忍睹的销售业绩。作为一名销售员，他天生的缺陷显得更为惹眼：粗犷的外形、不安的眼神、尴尬的举止。据说，他和顾客经常因为"品位问题"而争执不休。这样的挑战让文森特更为固执，他的无礼不止一次惊动他的上司。文森特时常受到惩戒，被当成同事们的反面教材。

尽管活着困难重重，文森特依然无法放弃对俗世的种种渴

·第二章· 上帝与金钱——"噢,耶路撒冷!哦,津德尔特!"

望,其中之一便是对家庭的向往。圣诞节的临近再次点燃了回家的渴望,由于父亲又接受了新的职位,一家人会在距离津德尔特只有四英里的小镇埃滕庆祝节日。每当画廊收到绘有银装素裹的乡村景致的画作时,文森特便会自然而然地想到家庭团圆的景象。他归心似箭。

关于文森特被解雇的记载很含糊,但有一点大家都很确定:文森特已经预见到了这个结果。连月来的归家执念让文森特公然顶撞了上司,擅自离开。也许在为争取假期的争辩中,文森特"突然爆发,愤然离去"。一开始,家人一无所知。直到假期临近结束,提奥也已经去了海牙,文森特才和父亲坐下来进行了一次坦诚的交流。

这场谈话后,提奥多洛斯告诉提奥:"文森特很不快乐。我想现在的职位并不适合他……也许有必要解决他现在的困境。"

像文森特担忧的那样,1875年1月4日他返回古庇尔的第一天便接到了解雇通知,文森特形容这次会面"极不愉快"。当面对擅离职守的罪名和一连串的顾客投诉时,文森特陷入了沉默。"我没有理直气壮地还嘴。"他告诉提奥。1月,凡·高家史将此事一笔带过:"文森特接到了他被解雇的消息……大人物们早就察觉他不是经营生意的那块料,看在他伯伯的分上才让他待了这么久。"

但文森特当时的种种努力却没能将父母心头的耻辱减弱半分。"他把事情搞得一团糟,"提奥多洛斯哀号道,"这简直是桩丑闻！让我们蒙羞！"

"真叫人心痛！"安娜也恸哭了起来，"谁会料到这种事情会在我们家发生？真叫人绝望！"再也顾不上矜持和脸面，夫妇俩在一封又一封给提奥的信中尽情倾吐着他们无法言说的痛苦。

他们对文森特尚存的一点同情也在此刻消失殆尽，他们确信文森特是自食其果，因为自己的任性连累了整个家庭。提奥多洛斯责备文森特毫无上进心，无能到连自己都养活不了。提奥表示，文森特"不论在哪里都会惹出乱子"，试图以此宽慰父母。家史则总结了大家一致的观点："文森特总是那么让人捉摸不透。"

提奥的成功让大家都忘记了不愉快，接下来，提奥会返回海牙，协助古庇尔搬往普拉茨另一个更新、更奢华的画廊。

但文森特必须离开，这桩丑闻让他无法继续在巴黎立足。出于责任，父母让他前往埃滕，但在那儿无疑也躲不过羞辱。文森特执意回到英国，至于原因，他并没有透露。然而，一个人生存的前提是一份谋生的差事，提奥多洛斯紧张的经济状况已经容不得他闲散度日。父母建议他去当会计，或者基于他的优势或经验在博物馆找一份差事。或者，如果说他真的热爱自己这份职业，为何不像他的伯伯一样成为一名画商，自己开创一份事业呢？

3月31日周五，他二十三岁生日的第二天，文森特离开了

·第二章· 上帝与金钱——"噢,耶路撒冷!哦,津德尔特!"

巴黎。临行前的最后一刻,文森特接到了拉姆斯盖特一所小小的男子学校的聘任信——拉姆斯盖特是英国海边的度假胜地。这个消息给了文森特一个全新的开始,让他的结局不至于太糟糕。这虽然算不上是份好差事,一开始没有薪水,但起码提供食宿,让他可以有个归宿,安心治愈心灵创伤。

埃滕的短暂停留又激起了他一些昔日的热情,文森特为家里的新屋子、埃滕教堂和牧师公馆画了铅笔素描。每一处篱笆、每一根木桩、每一扇窗子,以及每一笔轮廓,都仔仔细细、一丝不苟地用钢笔描画加粗。他也许还去了一趟津德尔特,那里都是他的童年回忆。父母称他在埃滕的这些日子平静又美好,并饱含希望地坚信他可以重新开始。文森特对家留恋了起来,原本只住几天的计划逐渐延长到了几周。

相聚的时光总是短暂,文森特最终还是踏上了去往英国的火车。当火车驶离故乡的草地和溪流时,思乡、愧疚和愤懑一股脑全涌上了他的心头。当时,他恰巧发现了一首能够完美描述当时心境的诗歌,他把这首诗寄给了提奥:

> 一个受伤的魂灵跌撞在……
> 人生第一个逍遥谷,在那儿,年少无忧的你,
> 总爱聆听自己沉默中的歌唱。
> 我的心,你是怀着怎样苦痛的热忱迷醉在
> 给予你生命的家园……

但妄念,你总生生把我们欺骗!
在你斑斓的幻境中,一个五彩的未来
正生成一张滑轮织就的网,好似一个灿烂的夏日,
那震颤的耳朵不就是无数个太阳吗?
你撒了谎。但这样的魅力谁人能挡,
透过泪水织就的棱角,在宝石红的远方,
依稀可见闪耀着霓虹的鬼魅。

7
天路历程

　　来英国的八个月里,文森特几乎没有停下。从一地辗转到另一地,换了一份又一份工作,在英伦大地行走了几百英里的文森特一直游荡在路上。他坐过船,乘过火车,搭过巴士和卡车,甚至坐过地铁,但他多半依靠步行。不论天气,不论时间,他一如既往地走着,在荒野歇息,在田地间觅食,在小旅店随便吃一餐,或者有时候,什么也不吃。他就这么走着走着,直到衣衫褴褛,皮肤皲裂,仿佛一个流浪者,好像目的地并不重要,行走本身就是一场修行。

　　在拉姆斯盖特,他走在点缀着"更衣车"的沙滩上,他走在白垩崖巅旁的小径上,他走过海岸边错落的峡谷和水湾,走过山崖边的玉米地。那儿如津德尔特的郊野一般诱人,而且离

第二章 上帝与金钱——"噢,耶路撒冷!哦,津德尔特!"

他执教的学校只有几分钟路程。

为了真正实现心中的向往,文森特在执教之余,开始为自己寻找新职位。他这样向提奥形容道:"这应该是介于牧师和传教士之间的一个角色",应该"主要面向工人阶级"传教,工作地点应该在"伦敦郊区"。他十分艰难地准备了一份简短的自我陈述,6月,还身在拉姆斯盖特的文森特就已经将这番陈述呈给了伦敦的一位牧师。"我在伦敦时,常去听您的布道,"他写道,"现在我正在找工作,希望能得到您的引荐。"

文森特还是没能找到理想中的工作,或者说,他由于经验匮乏,压根不可能找到工作。他的失败让他开始不确定前方的路。"我曾那么清晰地看到远处的光明,"他向提奥承认,"但它现在却半明半暗。"

仅仅两个月后,学校从拉姆斯盖特搬往伦敦,文森特也随同前往。第二天,他走完了最后的二十五英里来到了艾尔沃思,伦敦远郊的一个小镇,那儿是寄宿学校的新址。

文森特来到艾尔沃思后,赞美诗成了他的慰藉。每个清晨和傍晚,他都和学生们在圣经课上吟唱赞美诗。晚上在房里,听到楼下教室飘来的琴声,他就会热泪盈眶。在无尽的旅途中,当他走过城市街道的煤气灯下,当他跋涉在空旷的乡村小道上,他都会轻轻地哼上一段。一遍又一遍,一曲又一曲,一英里又一英里。"总有那么多美妙的曲子。"他写道。

数十年后，文森特在他的信件里写道，他希望他的画作"表达的是某种同音乐一样能够抚慰人心的东西，某种永恒的东西"。

拉姆斯盖特和艾尔沃思的每个学生都令他想起提奥，他在给弟弟的信中写道，每当与他们一起散步、堆沙堡，给他们讲解画作，或者组织他们就寝时，"我都希望那些不是学生，而是你"。去海滩的路上，他随手捡了两束沙滩苔藓，寄给提奥作纪念品，就像他小时候捡小松鼠那样。

就是在这样的幻想驱使下，文森特恳求上司准自己几天假期去海牙看望生病的提奥。第一次，他的要求被拒绝了，但是禁不住文森特的软磨硬泡，上司终于表示："如果你母亲同意，那么我也没意见。"

但母亲安娜没有同意，仿佛晴天霹雳一般，安娜要求文森特等到圣诞节再回家。在给提奥的信中，文森特对此只字未提，因为他知道母亲会看到。因此，他将心中的愤懑全都倾注在了下周的布道中："我们一生的旅程始于母亲粗暴的爱，终于天父的臂膀……谁人能忘记温馨的童年时光，直到我们离开家的港湾——因为我们终有一天要启程。"

·第三章·

信仰——『我的人生使命就是与苦难抗争』

1
我在哪里？我在干什么？

12月21日，文森特回到了埃滕。不出他所料，迎接他的不是温暖的臂膀和喜悦的泪水，而是"铺天盖地的斥责"。

圣诞庆祝还是严格按照牧师公馆的习惯进行着：同样精致的糕点、红桌布和绿色植物。安娜依然弹着风琴，孩子们唱着赞美诗，提奥多洛斯仍然去抚恤病弱，但却完全没了往日的氛围。

"爸妈为这个儿子操碎了心，"文森特的妹妹伊丽莎白写道，"你只需看看他们满面的愁容就能明白一切。"伊丽莎白责备文森特的不负责任和他无法自食其力。在一片谴责声中，只有提奥挺身为文森特辩护。他告诉他的兄弟姐妹们，文森特是个"天赋异禀"的人。

像回头的浪子一样，文森特渴望家人的宽恕和救赎，却只得到了奚落和指责。"我做什么都是错的！"他哀号道。那个圣诞节后，曾有人回忆文森特"看起来似乎大病了一场，仿佛行尸走肉"。

事实上，提奥多洛斯已经为文森特安排好了一份工作。也许是因为有森特伯伯出面，文森特才能在埃滕二十英里外的多德雷赫特的一家书店谋得一份店员的工作。接受父亲的计划之后才过了几天，文森特就搭上了去多德雷赫特的火车，古庇尔

· 第三章 ·　信仰——"我的人生使命就是与苦难抗争"

的常客皮埃特·布拉特对他进行了面试。回来的路上，提奥多洛斯要求文森特去森特伯伯家道谢和悔过。在去森特伯伯家的火车上，文森特用当时的天气来形容自己的心情。"这是个风雨交加的夜晚，"他回忆道，"只能看到镶着金边的乌云。"

在最繁忙的销售季，书店的账目经常让文森特忙到深夜。"但我喜欢这种感觉，"他写道，"使命感让我充满了动力。在责任面前，一切细小的麻烦都变得微不足道。"接受了新生活的文森特向父母讲述着"回家让他多么快乐"。他还对一名同事说："很高兴可以不再成为父母的负担。"

在同事和室友眼里，文森特一直踽踽独行。像所有职员一样，文森特要在书店从早上8点站到午夜。但布拉特表示，大部分时间里，文森特都在打发时间，或者昏昏欲睡。就像在巴黎一样，文森特无法取悦客人们。"太太们或者其他客人需要从他那儿得知画作的信息，"一位书店同事这样回忆，"但他压根就无视他们的兴趣，一味口无遮拦地发表自己的观点。"最后，他只能卖信纸和画片。

"他几乎发挥不了作用，"布拉特说，"因为他对图书交易一无所知，他也完全不想学。"尽管他在古庇尔待了六年，但同事们还是觉得他在销售方面像一张白纸。

自我施压和长期缺乏睡眠对文森特造成了极其严重的负面影响，据家史记载，那年冬天，文森特经历了一次"精神崩溃"。父母和亲人们惊恐地目睹了文森特信中的字句与他的脑子一起恶化的过程。"他的信中全是没有逻辑的胡言乱语。"他给提奥的信不是咆哮痛骂就是不知所云——也许那时候,他就已经患上了某种难以言说的疾病。随着内心的自责愈演愈烈,他的头痛也越来越严重。"当你有很多事情迫在眉睫,"他抱怨,"反而有时会变得更加迷茫,'我在哪里?我在干什么?我又要去向哪里?'大脑也开始眩晕。"

无疑,文森特重新燃起了做一名牧师的雄心壮志。回到家里,他一面钻研迄今为止最启迪人心的查尔斯·司布真的作品,一面在夜深人静的时候学着起草布道词。

那个冬天,只有一个教会,但也是当时最举足轻重的教会接受了文森特的神职申请。

文森特重新燃起的宗教热情并不被家人看好,提奥多洛斯和安娜唯恐这意味着他又将开始新一轮没有结果的折腾,正常的生活将不复存在。

4月初,文森特回到了津德尔特。

这趟行程因一封家信而起,家里来信说,提奥多洛斯要回津德尔特探望一位老农。他曾是这个教区的居民,现在奄奄一息。一读完信,文森特就向伙伴借了点钱飞奔出了书店。"我很喜欢他,"他上气不接下气地说起这个行将就木的农民,"我很想再见他一面,送他一程。"

事实上,津德尔特之旅在他心中已经筹划了多年。"噢,津德尔特!"他在英格兰时就在心中呼唤着,"我多么渴望回

·第三章· 信仰——"我的人生使命就是与苦难抗争"

到你身旁!"

从津德尔特回来之后,像父亲一样成为牧师的念头在文森特脑中久久挥之不去。3月末,店长去了一趟埃滕,让凡·高夫妇有机会洞悉儿子心底的痛楚。

安娜问道:"文森特在那儿还好吗?还适应吗?"

格尔利茨平静地答道:"夫人,请允许我告诉您实情,文森特并不中意他现在的职业。他只有一个热切的愿望——成为一名牧师。"

之后不久,提奥多洛斯便向姐夫约翰内斯·斯特里克询问文森特需要为大学入学考试作哪些准备——这是入读阿姆斯特丹神学院的第一步,约翰内斯提出了一套详尽的备考计划。

1876年1月,文森特终于离开了家。提奥多洛斯苦叹道:"这孩子什么时候能让我省省心!"为这个让她操碎了心的儿子,安娜也作了一个绝望的新年祷告:"希望他能回归正道……我们还在为他担忧——他还是那么不入流。"妹妹伊丽莎白更是满口抱怨,她不相信文森特能如愿继承父亲的事业。

2月初,文森特抵达阿姆斯特丹备考。圣诞节期间发生的一切已经让他对父亲的态度心知肚明,提奥多洛斯不仅惩戒了他那些不健康的行为方式,还指责他对工作缺乏真正的信仰。提奥多洛斯还特意来到了文森特小小的书房,手把手地指出他作业和练习中的诸多错误。文森特离开后,提奥多洛斯告诉提奥:"文森特根本无心学习。"

现在，只有一个办法了。为了不再让自己和家庭继续蒙羞，文森特只能更加努力地学习。提奥多洛斯坚定地说道："文森特已经长大成人，他既然定下了目标，那么实现这个目标就是他的职责。"父亲为文森特的学习制定了全新的、更为严格的饮食作息表，还安排斯特里克姨父一周两次监督他。

四天后，提奥多洛斯不安地离开了阿姆斯特丹。向来害怕离别的文森特站在月台上，浑身瘫软，目送火车消失在视线之中。之后，他回到了约翰尼斯伯伯的大房子里，凝视着书桌上父亲检查过的书本和作业，凝视着父亲曾靠在里面暗自垂泪的空椅子。"我哭得像个孩子。"他这样告诉提奥。

父亲离开阿姆斯特丹两周后，文森特·凡·高展出了他的第一幅艺术作品，用红粉笔在蓝色厚纸板上创作的一幅画。它挂在一所主日学校的地下教室里，在那儿，即使在白天也需要点上煤气灯才能看得见那幅作品。"我兴许应该不时地尝试一下创作，"文森特写道，"没准我还能成功……即使没成功，也可以留下些印记。"

2
一间矿工的棚屋

文森特需要用艺术来逃避现实，尽管他满心虔诚，但宗教似乎从来都与他无缘。1876年，在巴黎归隐苦行的文森特曾给

第三章 信仰——"我的人生使命就是与苦难抗争"

父母去了一封信,信里几乎都在谈论艺术。在英格兰,他参观了汉普顿宫的皇家收藏,观摩了霍尔拜因和伦勃朗作的画像,还去了那儿的意大利画家画廊,其中还有一幅达·芬奇的作品。"再次看到这些作品真让人高兴!"他这样写。

不论走到哪里,他都用艺术来驱散孤独,他屋子的墙上贴满了画像。在阿姆斯特丹开始学业之前,他曾勇敢地发誓要戒掉收集画作的嗜好。但很快,他又时常在成排的书摊和画店前徘徊,他需要它们来给自己的小房间制造点气氛,激发灵感。

1877年夏天,另一件对文森特影响深远的事发生了:提奥宣布自己准备成为一名艺术家。

这让文森特异常兴奋,他像往常那样对提奥的事业报以无限的支持。5月中旬,在回阿姆斯特丹的途中,他在海牙暂作逗留。兄弟俩拜访了表姐妹的丈夫安东·莫夫,他是一名功成名就、饱受赞誉的画家。提奥近来常去拜访莫夫在城里的家和他在席凡宁根海滩的画室,事业有成、优雅迷人的莫夫拥有一个幸福的家庭,过着舒适的资产阶级生活。提奥无疑梦想着像莫夫那样成就一份成功的艺术事业。

自己多年前在去往赖斯韦克途中的愿景恰如文森特想象的那样即将实现——兄弟俩不分你我,惺惺相惜,"仿佛合为了一体"。他宣称在提奥追求的艺术事业与自己追求的牧师事业中都蕴含着一种力量:"当我看到雷斯达尔或者扬·范的画作时,"他写道,"我会一遍遍地想到这些字眼,'也许忧愁,却是常常快乐的'。"

文森特改变了对此类绘画的看法，不论真实也好，虚构也好，它们不再是单纯的图像记录，而是成了某种表达方式。"当我在创作时，我能清楚地看到些什么，"他写道，"不仅如此，还能找到一个声音。"

在文森特对"完美表达"的追求中，他在绘画上的早期努力很快便被另一种形式的记录式图景替代：地图。也许，早在童年时代，文森特身处被世俗喧嚣环绕的津德尔特时，便开始痴迷于地理和地图，这份痴迷令文森特一生都对风景画情有独钟。

在阿姆斯特丹，尽管学业繁重，文森特还是因这份爱好的驱使，在地图绘制上耗费了极大的精力。他喜爱收集各种地形地图，这些作品构图宏大，地形奇诡，刻字一丝不苟，文森特称它们为"真正艺术家的作品"。

1878年冬天，文森特开始赞颂神圣的"淳朴大众"（他的原话），这个念头早已根植在他的内心深处。当然，文森特小时候很少见到真正的农民，更没有机会和他们交谈。不论是出于父母对农民的偏见，还是源于乔治·艾略特对维多利亚时期农民的嘲讽，文森特都不具备足够的阅历来反驳他的父母。

文森特在英格兰时就曾经满怀热情地想为下层阶级传教，但为求得父亲的认同，他一直压抑着这样的热情。1877年夏天，他还只希望未来任职的教区风景优美便可。但阿姆斯特丹

·第三章· 信仰——"我的人生使命就是与苦难抗争"

的生活逐渐让他生出一个越来越强烈的念头,农民和工人逐渐成了文森特效仿的对象。"该试着成为他们那样的人,"文森特表示,"在艰辛和绝望面前,他们仍坚持信仰,凭着耐力和尊严艰苦劳作;临终时,像津德尔特的老农一样,在平静中等来最后的救赎。他们是拥有'本真'的人。"

3月中旬,提奥即将调回古庇尔巴黎分行的消息证实了文森特的疑虑。只有巴黎才是古庇尔帝国的中心,现在那里还成为1878年世界博览会的举办地,将展出来自五大洲的精美绘画和科技作品。"这真是个放眼世界的绝好机会!"提奥多洛斯骄傲地写道。然而对文森特来说,巴黎意味着他痛苦的失败回忆,意味着他一生都逃脱不了的家庭耻辱。而现在,提奥要去巴黎接下那个曾属于文森特的职位——这不仅彻底否定了文森特苦口婆心的劝说,狠狠破坏了曾经完美的兄弟情义,也是对"本真"的背弃。

离开埃滕之前的几周,他给提奥去信写道:"'本真'是艺术的永恒特点,也会对越来越多的人产生重大的影响。"提奥来访时,兄弟俩把多数时间都花在了看画上。"艺术的内涵多么丰富,"文森特随后写道,"只要把这些都放在心里,那么你永远不会空虚,不会孤单。"

但没有哪个意象比文森特在离开布鲁塞尔前一晚的创作更完满,他首先临摹了比利时南部城市博里纳日。像许多他钟爱的画作一样,这本图册描绘的是这个地区的居民,可爱又有深度的博里纳日人：

他们全靠矿井过活……矿工就是一群特殊的博里纳日人。对他们来说，白天的存在没有意义。除了周日，他们终日不见阳光。他们在窄小的隧道间依靠昏暗的光线工作……每分每秒都面临危险。但矿工们却生性快活，充满生命的朝气。

文森特创作了一幅速写来再现这个意象。

他选择了沙勒罗瓦运河边的一个小咖啡馆作为创作对象，那儿是布鲁塞尔的核心工业区，是他昔日散步时常途经的地方。咖啡馆毗邻卸煤的大棚屋，从南部乡村满载煤矿的运河驳船会在那儿停泊。随着煤矿一起装载而来的还有因失业而背井离乡的矿工，他们需要一份谋生的工作。

他用上了手头一切可用的工具描下了整个咖啡馆，他把这张比明信片略大的小画作称为"涂鸦"：低垂的屋檐，污渍满满、色彩阴郁的灰泥墙，门上字迹斑驳的招牌，外边铺着的硬硬的鹅卵石，里面安着软软的窗帘。他还加上了一轮温柔的新月，整个布景被迟暮的色调所笼罩，如此柔和，似乎看不出任何铅笔画笔触的痕迹。只有两扇窗户和门上的横梁间透出一丝煤气灯灯光——"这是来自内部的光亮。"画完之后，他小心翼翼地折好，放进信封里寄给了提奥。

一周后，他就动身了。在万物萧条的严冬，没有任何人的资助，抛却对未来的展望，他来到了博里纳日，追逐自己臆想中的"本真"。

·第三章· 信仰——"我的人生使命就是与苦难抗争"

《埃滕的街道》 凡·高 1881年
凡·高对于劳动者的喜爱一直延伸到画作中。他在埃滕时创作了一系列以劳动者为主角的作品,精心描绘了人们平凡且日常的劳作。

文森特后来告诉提奥，他去博里纳日是为了证明"自己有勇气"。向自己——无疑还有他的家人证明自己献身的决心。他承诺，他会成为一个更成熟和更有担当的人。

"一想到有那么多双眼睛盯着我，想到他们一眼就能将我的纰漏看穿，想到各种羞辱和斥责……唯恐失败和羞辱——让我产生了一个念头：我要远远躲开一切！"

3
黑乡

火车载着文森特驶入这片几乎无人描述过的地方，对于在津德尔特秀丽的石楠丛旁长大的文森特来说，这儿的地貌堪比月球表面般凹凸不平。"整个地区像是被一片巨大的溃疡腐蚀了一般。"某位来过博里纳日的访客这样记录道。

空气被地面不断慢悠悠吞吐的煤田熏成了烟灰色，乡村里满是不停喷出浓烟的高烟囱。在盘旋的黑烟中，整个地区显出病态，仿佛每个人都会因此患上肺痨。

放眼望去，荒凉的旷野没有一棵绿树，只有一些不起眼的花草。在散发着热气的矿渣堆的进攻下，不论哪种植物，都无法在这里存活多久。曾有访客表示，即使在夏天，这里也很难见到绿色。冬天，雪花一旦落下就被染成了灰色。融化之后，原本的灰泥也成了黑色，化作一层厚厚的柏油泥浆。连溪水也

·第三章· 信仰——"我的人生使命就是与苦难抗争"

难以幸免,被污染得像墨水一般。即使天气晴朗,地面和天空也混沌不清。由于一片接一片的黑色,当地人把这个地方称为"黑乡"。

沿着下陷的道路,每隔一英里,就是一个千篇一律的城镇,统统由灰砖瓦建成。在这儿,文森特见到了真正的博里纳日人:浑身黑乎乎的,几乎从未洗过澡。"从黑煤窑里爬出来的人全身乌黑,"他告诉提奥,"他们看起来就像是刚清理完烟囱。"不止男人,一家子都沾满了煤窑的污渍。孩子也在煤矿干活,因为只有他们才能钻进煤矿的狭窄裂缝;妇女当然也在煤矿干活,因为她们要赚钱养家。下工后,男人们蹲在他们摇摇欲坠的房舍的门槛前抽烟,女人们拉着"未老先衰"的孩子去舀水洗澡,那是一天中摆脱浑身黢黑的唯一时刻。

但清洗对于男人们来说已经不起作用,煤矿中的刮痕和擦伤已经永久地镌刻在了他们原本白色的臂膀和胸膛上,像一道道文身。他们全身上下都是劳作的伤疤,然而心里的伤疤却更胜一筹:疲惫消瘦的身子,饱经风霜的脸庞,平均寿命只有四十五岁。他们的脸上则是对被矿井夺去生命的亲人的思念,对孩子宿命的绝望。据说,每个早晨,当丈夫和儿女、妻子、母亲道别的时候,他们掩面而泣,"就好像再也回不来了似的"。

这群可悲、落寞的人一齐向矿井进发,冬天,凌晨的第一缕自然光线还没出现时,他们已经提着灯前往一个散发着邪恶光芒的地方。红焰舔舐黑色的炭炉,蓝焰在熔炉中噼啪作响。在博里纳日的每一个煤镇,煤矿侵吞了一切。煤渣堆积成山,烟囱高耸入云,铁架台令人眩晕,你可以远远望见几英里外的矿区,闻到它的气味,听到转轮震耳欲聋的声响、大型引擎掏人心肺的轰鸣声和铁器雷鸣般的敲击声。刺耳的上工铃音遍及整个矿场,似乎永远不会停止。

怀揣着父亲的推荐信和满满的热情,法语尚可的文森特很快在小瓦姆谋得了一个职位。那儿的小教会刚刚建造了自己的教堂,按规定,需要公派一名牧师驻扎于此。当地福音传道会同意给文森特六个月的试用期担任"实习牧师和教义问答师",他们提供的工资很微薄,但文森特却干劲十足。

文森特很快为教会的孩子们开设了教义问答课,给他们读《圣经》,带领他们吟诵赞美诗,用自己绘制的圣地地图讲《圣经》故事。晚上,他走访教徒的住所,和他们围在一起祷告,他还探望病中的教友。在给提奥的信中,他写道:"很多教友都疾病缠身,我刚刚探望了一位病重的老太太,她个子瘦小,却充满了耐心与信念。我给她念了一章《圣经》,还同他们一起祷告。"起初的几封家信中洋溢着踌躇满志。"这是他感兴趣的工作,"安娜一边写回信一边小心翼翼地抱有一线希望,"他很喜欢那儿。"这些起初的反馈似乎也触动了早已疲惫不堪的父亲,1月,他给提奥去信写道:"他似乎很有抱负,干得不错,我们真为他高兴。"

· 第三章 ·　信仰——"我的人生使命就是与苦难抗争"

为了找寻灵感,文森特只能注视每个早晨如行尸走肉一般在他窗外列队经过的矿友:男人女人穿着一样的矿井碎棉布服,木底鞋在黎明前的黑暗中嗒嗒作响。十四个小时过后,他们回来了——"像是没有自由身的奴隶,这样的情形日复一日,毫无例外。"

很快,心底炽热的火焰就驱使着文森特加入了鱼贯进入地心的灰色队伍。

"那真是个黑暗的地方,"去过最破旧、最阴冷和最危险的马卡斯煤矿之后,他写道,"那儿有穷矿工住的棚屋、被黑烟熏得骇人的树、荆棘栅栏、粪堆、灰堆、废矿堆。"他穿过巨大而复杂的矿区来到矿井站:遮着帆布的棚屋、歪歪扭扭的房子、破旧的排水泵塔、炼焦炉、鼓风炉。远处,运输煤渣的马匹拖着煤渣吃力地攀上黑山。

但来到矿井站,他仍然大吃一惊:这是个砖混建筑物,上面全是一个个肮脏的、激烈颤抖的窗口,发动机抖动着,铁臂搅拌着,仿佛要到筋疲力尽才肯罢休;沉重的大桶隆隆滚过铁皮地板的轰鸣声和头顶黑漆漆的电缆的哀鸣声混合在了一起,电缆通过油腻腻的滑轮穿过发动机巨大的转轮。那些矿工们,被关入巨大的铁笼,仿佛被矿井站这张血盆大嘴大口大口地咽入腹中。

接着,铁笼子像"一粒石子"般坠入地下深处。矿工们赤脚站立,提着煤气灯,蜷缩在空煤车上,井壁上的引路灯"像特快列车的铁轨一般在身后掠过"。空气变得越来越阴冷,水也开始从井壁淋到铁笼子上,一开始是涓涓细流,很快便洪水泛滥。他们已经深入到三个废弃的矿层以下,矿工们把上面的世界称为"上头的地狱",井口的日光缩成了一个光点,好似夜空中的星星。

文森特不时能听到从前方隧道传来的沉闷轰响声,"像是隆隆的风暴"。数秒钟后,一具幽灵在黑暗中现形:一匹拖着矿桶满载而归的马,矿工们羡慕饲料充足的马匹,它们始终待在温暖舒适的地底,"享用新鲜稻草带来的干爽洁净"。再深一点儿的地方,马匹无法进入,就由矿井的童工搬运矿桶,就像左拉描述的那样:男孩子们扯着嗓子喊着脏话,女孩子们"像超过负荷的母驴一般哼哼唧唧,全身冒汗"。

最终,文森特来到了矿工们跟前,走道没有就此成为尽头——而是分化成几个错综复杂的小烟囱和几条窄到不能再窄的隧道。"似乎永远没有尽头。"他说道。每条隧道的终端,都有一个矿工独自在黑暗中劳作。文森特把这些小小的壁龛称作"地底牢笼",或是"隔离的地窖"。"在每一间这样的牢笼中,"他向提奥解释道,"都有一个矿工穿着粗亚麻服,像脏兮兮的烟囱清扫工一样,就着昏暗的光线埋头劈矿。"

然而,好景不长。文森特开始牧师生涯几周后,提奥多洛斯给提奥去信说:"我们又开始为他担心,生怕会有麻烦事。"文森特刚到这儿时,把这里的人描述成"单纯淳朴"的

·第三章· 信仰——"我的人生使命就是与苦难抗争"

人,但久而久之,他们变得越来越"了无生趣、缺乏教养、敏感多疑"。

他常抱怨听不懂他们"噼里啪啦冒出来"的奇怪方言,他发现多数的教徒不识字时,他似乎很惊讶。作为"一个有教养的体面人",他哀叹连连。在这种"未开化的环境"中,他无法找到共鸣。矿工也把他们的新牧师看作陌生人。他的布道聆听者寥寥,他很快便难以支撑下去。文森特感叹道,他自己缺乏"矿工的性情",他"永远都不会明白如何与他们相处,赢得他们的信任"。

文森特对《汤姆叔叔的小屋》有感而发:"这本书对于横行的奴隶制的阐述堪称精妙绝伦,对那些重大议题的处理饱含智慧、爱与热情,对受压迫的穷苦奴隶显示了极大的关怀。"对于博里纳日矿工的遭遇,他从未记录过只言片语,却认为狄更斯的《艰难时世》实属"旷世之作",褒奖它对于工人阶级的遭遇感人肺腑的描绘。

文森特所在的地区常常发生劳工起义,马克思与恩格斯在布鲁塞尔完成《共产党宣言》之后的三十年来,博里纳日的矿工发起了一场横扫欧洲大陆的社会主义工人运动。一波波游行和野蛮血腥的镇压引发了一场工会运动,俱乐部、合作社、互助会等结成瓦姆团体,支持工会运动,立志铲除资本主义生产体系中的毒瘤。

但文森特只将矿工们视为基督教徒中的英雄,丝毫没有将他们看作受害者。他觉得,他们的苦痛,就像他自己的苦痛一样,只会让他们更接近上帝。他劝诫他们不要反抗,而是要庆贺自己的苦难——为享有苦难而欣喜。他来到这儿,期望矿工们像"行走在黑夜"中的人们,在文森特看来,这是对可怜人和受压迫者(譬如那匹驮着垃圾车的老马)的终极关怀。

在这里,人们生活在水深火热中,三年来薪水降了三分之一,成百上千的人死于爆炸和塌方以及不知名的疫病,文森特宣扬的信条只是让他与这群他渴望安抚的"可怜人"更为疏离罢了。

对此,他只想出了一个法子:为病人布道。每年,上百个工人不是在博里纳日的矿井里被烧伤,就是因毒气、矿渣和恶劣的卫生条件而生病。伤者和垂死的人不会质疑文森特的信条,更不会过多地考虑他布道的内容,他们欢迎这个陌生的荷兰人为他们发出些人文关怀。"那儿伤寒和恶性热病肆虐,"他向提奥报告道,"一家人全染上了热病,孤立无援,病人们只能由其他病人照顾。"

4
矿难发生了,暴动发生了

爆炸来得很突然。只要一丁点儿火星——或许来自一盏故障的矿灯,或许一丁点无意间的摩擦——就会引发爆炸。这就

·第三章· 信仰——"我的人生使命就是与苦难抗争"

是发生在1879年4月17日的夫拉姆利阿格拉普矿井的爆炸事件,那儿离瓦姆仅两英里。

甲烷独有的蓝色火星激发了这一系列连锁反应,爆炸摧毁了承重墙,窄小而坚实的走廊通道把人猛掷到地道尽头,将他们砸得粉碎。有经验的老矿工一听到气流的声音,便明白发生了什么。他们立马卧倒,因为紧随其后,在他们头顶将掠过一道喷灯似的火焰。旋风吸走了每一个缝隙的煤尘,并将它们抖散在空中,恰好被那道火焰点燃。由于有风,煤尘可以将小小的甲烷火星引爆的矿井变成无人可逃的地狱。大火像穿过枪膛一样咆哮着窜入矿井,在气压的冲击下,顶梁挣脱了支柱,飞得很高,又引起新的坍塌;扶手被扭断,空矿桶像子弹一样在地道中乱窜。大火以每小时上千英里的时速占领地道,随着熔炉的爆炸,所有东西——工具、马匹、男人、小孩——一律被烧焦。

几英里外就能看到巨大的"火球"以及巨型的黑烟团为周边的乡村送去了这场地心惨剧的信号。女人和孩子们都拥到路上,急匆匆地追着空中扩散开来的黑点。几小时后,先到矿井的人还可以感受到地动山摇的余波,还可以听到低沉翻滚的轰隆声。人们很快占据了整个矿场,"眼巴巴"地望着满面尘灰的幸存者气喘吁吁地爬出来,看着担架络绎不绝地被抬往医务室或是教堂。愤怒的咒骂声和悲痛的呜咽声交织在一起,烧焦的尸体堆得很高。这场灾难的严重性不言而喻,共有121名矿工丧命。警察最终只能关闭矿区以防民众的愤慨和极度的痛苦酿成暴乱。

难以想象的是,文森特·凡·高并没有参与对阿格拉普矿井爆炸伤者的安抚工作。当天没有,接下来几天也没有见到他的人影。失去家人的人们绝望地痛哭流涕,其他人还在焦急地等待着家庭成员生还的消息。五天之后,全部幸存者才被救援完毕。有消息称,上百名矿工被困在掉落的岩石后面,营救人员能清楚地听到伤者的嚎叫。矿上的每个家庭都知道爆炸余留的毒气会造成多么恐怖的后果,那些残留的气体可以在几分钟内让任何一个人窒息。被围困在黑暗中的矿工命悬一线,吟起希望的赞美诗。这样的景象,一定会令文森特感动。

灾难过后便出现了大批的送葬队伍。他们有的泣不成声,有的高声抗议,乘着黑火车弯弯曲曲地穿过这片裹上了寿衣的大地,这一场景比文森特幼年时仰慕的画作《穿过玉米地的送葬队伍》还要凄惨得多。不单单是博里纳日,整个比利时都陷入了哀悼。十年前,比利时伤亡最惨重的矿难引发了工人的抗议,也促使当时无能的政府作出了敦促改善煤矿安全环境的决定。

不知怎的,没过几天文森特立即又开始了他奇特的传道方式。他散尽了所有的衣物和仅有的一点钱财,连只戴了一次的银表都送了人,连内衣都被他撕毁做了绷带。3月,他退回了父亲寄来的食宿费,显然,那时他已搬回了棚屋。他拒绝可口的

第三章　信仰——"我的人生使命就是与苦难抗争"

食物和温暖的床铺,他赤脚在雪地里行走,穿矿工们穿的粗麻布衣服。他不再洗澡,认为使用肥皂是种"罪恶的奢侈"。大部分时候,他都与老弱病残待在一起,宣布要"陪伴他们一起忍受苦难"。

这场矿难让文森特的人生更迅速地跌入了谷底,7月,福音传道会宣布终止文森特的牧师资格。正式声明只提到文森特遭到开除的唯一原因:拙劣的布道能力。但他的父母——包括他自己——都明白其中真正的原因:他违反规定,向工人阶级传播福音。

现在,文森特只能向一个人求助,他迅速简短地写了一封信,央求提奥来一趟。

"我不是铁打的,也不是没心没肺,"他写道,"像所有人一样,我也需要友好的关系、亲密的陪伴……没有这些,我就空有一具躯壳。"他把自己比作困兽,把提奥称为他活下去的希望。只有他们的手足情,才让他感到自己的生命尚存一丝美好,"不是毫无价值的,无足轻重的"。

但文森特的渴望并不能填补两人之间的鸿沟,自提奥去年11月从巴黎凯旋后,两人就再没见过面——也是在那个时候,文森特落魄地远走布鲁塞尔。六年来,他们第一次在圣诞节互道思念,但还是措辞拘谨。

8月的第二周,提奥来到蒙斯的火车站。两人漫步长谈,提奥告诉文森特,他已经迷茫太久,是时候该改善自己的生活了,他应该自己养活自己。提奥表示,不论他走哪条路,都能终结他那终日游荡的生存状态。

当文森特试图提起八年前兄弟俩在赖斯韦克运河边的誓言时,提奥应声喝住:"打那以后,你就像变了一个人。哥哥,你已经不是原来的你了!"提奥最后的一番话显然是在为他们的父母鸣不平。他抬高声调,第一次提出了对兄长最严厉的指控:"你已经给我们和我们的家庭带来了太多麻烦!"

显然,最后一番指控直击要害。提奥走后,文森特给提奥去了一封信,义正词严,故作姿态。但让父母伤心失望的罪名,文森特却无力推脱,他承认:"也许全是我的错……"

只有一种方法能平息怒气,信一寄出,文森特便搭上了北上的第一列火车。经过了一年的内心挣扎,对家的渴望终于战胜了归家的羞耻,文森特决定动身回家。

"我们听到有人喊'爸,妈',紧接着,他就毫无征兆地出现在了门前。"安娜告诉提奥。

除了衣服和食物,他们只给了他质疑的眼神和幽怨的沉默,这并不是文森特一直以来期待的团圆的温馨场面。屡次失望之后,父母对儿子耗尽了耐心,谨慎地与之保持着距离。这样冷冰冰的气氛,让三人总是不欢而散。

有一天,文森特悄然离开了家,逃之夭夭。

之后,他便杳无音讯。那一年,他没有给提奥写信。不知是因为父母的抛弃,还是因为不甘心,他又折回了黑乡,开始

第三章 信仰——"我的人生使命就是与苦难抗争"

了一生中最狰狞的噩梦。

之后的六个月,文森特对自己百般摧残,令冷漠的博里纳日人都于心不忍。他又过起了苦行僧的生活:长时间以来,他食不果腹,风餐露宿,邋里邋遢,独来独往;困倦时,找一处谷仓,或者在野外席地而眠;以面包皮和冻坏了的土豆充饥。

文森特的想象力也一道枯竭了。他丢开了写信的笔,也丢开了绘画的笔,也不再以收集画作为乐。在他乞丐式的生存空间中,哪里还能容纳俗世的乐趣?

那个冬天,不论风暴还是雨雪,在那片萧瑟的土地上,都能看到蓬头垢面、衣衫褴褛的文森特赤脚游荡的身影。在诗歌簿上,他短促、有力地圈出了下面的诗节:

> 我心悲戚……
> 我的上帝,为何将我抛弃,
> 我心悲戚,远离你的庇佑,
> 日夜心惊胆战,祈求你的圣名,
> 但你神圣的声音没有回应我的哭喊;
> 仍由我的人生坠入无尽的深渊。

几乎一年没有和提奥通信的文森特,在深渊挣扎时想起了他"亲爱的提奥"。"很久没有给你写信了,"7月,他在信中写道,"现在我遇到了麻烦,除了向你求助,我别无他法。"

文森特的措辞中隐含着他最痛苦的自白:"怎样才能成为有用的人?在我身上,一定隐藏着某种潜质,但那又会是什么?"

提奥听到了哥哥的祈祷,当文森特再次提笔给提奥写信时,他已经找到了答案。一个月后,他在一封短信中谈起:"最近,我忙着画画,我要继续寻找'本真'。"

5
画画是唯一的出路

提奥一直鼓励文森特画画,他和父母一致认为,这是文森特跻身上流社会的唯一途径。事实上,自从文森特再次回到博里纳日,他就打定主意摈弃昔日生活。"我本打算为所见所闻草草创作一些素描,"离开布鲁塞尔的前夜,他写道,"但考虑到这会影响我的正经工作,便就此作罢。"但在5月,在文森特的世界变得支离破碎之后,他答应父母尽他所能继续画画。

提奥也一直对他鼓励有加。文森特对这些期望都有着积极的回应。"有些素描要给你看,"1879年8月,提奥来访的前夜他表示,"通常,我都画到深夜。"他临摹矿工的人像以及矿井的缩略全景,当然还有他的"新家"。也许是在提奥的催促下,泰斯提格给文森特寄了一套可以晕染地图和勾勒光滑细线的水彩。他把这些成果称为"纪念品",它们捕捉了这些事

·第三章· 信仰——"我的人生使命就是与苦难抗争"

物真实的一面。去拜访彼得兹牧师时,他带上了几幅自己的作品,牧师本人也是一位业余水彩画家。

但不论是文森特还是提奥都没有料到,他们之间会产生那么多摩擦和冲突。"实在没必要让你兴师动众赶来看一眼那些东西。"弟弟抵达前,文森特含蓄地说道。看了哥哥的作品后,提奥这才同意了文森特的看法。当他们促膝长谈文森特的未来时,提奥认为文森特可能成为一名售书员或木匠,他显然没有想到哥哥有朝一日能成为一名艺术家。

7月,提奥力劝文森特继续把绘画当作一门技艺或一项健康的闲暇活动,以转移他的注意力。只有这样他才能不再偏执于眼前的问题,重新融入社会。

一开始,在去年夏天文森特拒绝了这个建议。而现在,这个主意似乎显得更加切实可行。事实上,那时的文森特已经售出了一些素描画。他父亲为每幅圣地地图支付了十法郎,并瞒着文森特,自己出钱让彼得兹牧师也买下了文森特的一些小型素描画。虽然数量不多,但也足以燃起他的壮志。

此外,文森特在绘画中还发现了新的乐趣。数月来,他终于可以带上素描簿不受干扰地画画,摒弃那些羞辱。"他画下了拾煤的女人,"当地人这样回忆,"但没人把它们当回事。"对于一个恐惧社交,又渴望与人交往的人来说,没有什么比静静地观察形形色色的人物更令人愉快的了。而有机会雇用模特和指导站姿简直令人心醉,几周后,他已经开始寻找各式各样、男男女女的模特。

拾起画笔同时也意味着一种和解：通往赖斯韦克之路上的梦想。一旦隔阂被打破，昔日的兄弟情义再次油然而生。文森特说，只有手足情义才能把他从牢笼中拯救出来。他甚至开始与在巴黎的提奥通信，庆贺弟弟成功的新生活。

在新使命的感召下，文森特又回到了黑乡，从此获得了新生。当提奥在信中提到许多法国画家在坐落于巴黎南部枫丹白露森林的巴比松村获得灵感时，文森特认为1878年冬天自己的苦行在本质上也是一次艺术之旅。"我没去过巴比松，"他写道，"但去年冬天我去过库里耶尔。"他有幸拜访了伟大的巴比松画家布莱顿。对于布莱顿，兄弟俩都饱含景仰之情。

在那个萧索的冬天，文森特为绘画倾注了全部心血。在奎斯梅的小屋里，他急着向提奥和其他人索取绘画教程。他尤其渴望学习查尔斯·巴尔格两个周期的人像绘画家庭学习课程，想要《木炭画练习》《绘画教程》和阿曼德·卡萨格尼的《绘画入门指导》，以及类似的透视画指南。只要坚持不懈，循序渐进地练习，就可能会成功。文森特一页页、一遍遍如饥似渴地反复阅读，完成了《木炭画练习》的学习，他马上报告说："我把60页统统学完了。从早到晚几乎花了我整整两周，让我的铅笔忙个不停。"

想要获得飞跃，他需要的不仅仅是枯燥的练习。除了米勒的代表作《一天中的四小时》和《地里的劳作者》，以及在墙

· 第三章 ·　信仰——"我的人生使命就是与苦难抗争"

让·弗朗索瓦·米勒（1814—1875），法国画家，作品以农民形象和农业生活为主。凡·高推崇他的作品，这在凡·高刻画劳动人民的作品中，可见一斑。

《第一步》 凡·高 1890年1月
1889—1890年,凡·高在圣雷米疗养院"重新演绎"了21幅米勒的画作,按自己的理解给这些作品重新上色,其中就包括这幅作品。

· 第三章 ·　信仰——"我的人生使命就是与苦难抗争"

《第一步》米勒原作

上挂了许多年——他此后还会继续临摹的那些作品，他一直催促提奥给他寄可供临摹的画像。起初，他不厌其烦地临摹教科书。但很快，他开始对风景画产生了兴趣。

然而，不论提奥寄去了多少画作，文森特都无法抑制地想要离开他那个拥挤的画室，出门寻觅自己想要表达的意象。他开始在镇子里徘徊，描画了不少肖像画和风景画。

他把折凳搬到了矿场入口，像涂鸦的孩童一般草草记录下所见所闻。尽管连他自己都觉得他的作画技巧没受过任何训练，十分拙劣，但他仍精心作了打算，准备创作两幅大尺寸的作品：一幅是矿工们清晨上工的景象，另一幅则是他们下工后归家的情景。他向提奥坦言："我总想把去矿井的矿工绘成一幅大型的作品。"

饱含热情和希望的文森特一遍又一遍地描绘同一个场景。"我已经画过五次播种者，"他在9月写道，"但我还会再画，我对播种者的形象实在太着迷了。"

尽管个性散漫，缺乏耐心，而且惧怕失败，文森特还是像曾经追求"本真"那样不断给自己设立提高画技的各种计划。然而他的计划总是赶不上变化，那些半途而废的作品依然令他一筹莫展。

"我拼命工作，虽然目前依然没有任何进展。但我满怀希望地相信这些荆棘会适时结出硕果，现在的努力是分娩必经的阵痛。"起初，文森特在他给提奥的信件中总会提到这些

第三章 信仰——"我的人生使命就是与苦难抗争"

字句。

最终,文森特凭着一腔执着在博里纳日人身上找到了"本真"。它真真切切,实实在在,并没有因为灾难的磨砺而消逝于岁月的长河。

9月,提奥邀请文森特去巴黎。文森特透露他想去巴比松,并含蓄地表示希望提奥能给予经济支持。那以后,他突然毫无预兆地搬去了布鲁塞尔。

"即使身在地狱深渊,"他写道,"我也能感到自己充满能量,我对自己说:无论如何,我一定会站起来。我还会画画。"

· 第四章 ·

追逐太阳——『我看到了光』

1
学院派之旅

1886年1月中旬,文森特做了一件他曾经发誓永远不会再做的事情:注册进入一家美术学校。这并不是一家普普通通的美术学校,而是古老、著名的皇家艺术学院,是安特卫普为了媲美巴黎传奇般的法国美术学院而建立的。就在不久前的1885年11月,也就是在抵达安特卫普前的数天,文森特就曾打消了接受学院训练的念头:"艺术学院不会接受我的,"他说道,"我自己也不想去那里。"1881年在布鲁塞尔学院蒙羞后,他又同拉帕德就学院的技法问题激烈地争论了几年,他对安特卫普皇家艺术学院之类的学校的抨击愈来愈激烈。他谴责那里的学生如同"巴黎艺术家的石膏人像",并嘲笑他们的教学对现代艺术来说是"多余的"。在进入安特卫普皇家艺术学院前的六个月,他还写道:"无论他们画出来的人物就学院的标准而言是多么中规中矩,它缺少最根本的现代气质、个性以及真实的行为。"

注册成为皇家艺术学院的学生,会使他进入一个全新的世界,他会有"新的朋友和新的关系",有望终结艺术上多年的孤独。"可以看到众多其他的人画画,无疑会是件好事……必须得生活在艺术家的世界里。"再次融入这个世界需要穿着

·第四章· 追逐太阳——"我看到了光"

得体,他向弟弟保证他会恢复"饱满的精神"。喧嚣的城市生活让他把圣诞节的忧愁与对荒原的迷恋全部抛之于脑后,他认为,作为学生还可以省下不少开销,如租金(更大的画室也就不必要了)、颜料的费用和雇请模特的花费。"我希望我能够被允许整天在学院里画模特,这样对我来说就方便多了,因为模特的价格贵得惊人,我的钱包再也吃不消这一经济上的压力。"重拾了"信心与平静",成功还会遥远吗?"通往成功的道路是没有捷径的,"他再次向提奥保证,"这才是正确的方法。"

1886年1月18日,在姆查尔斯塔特大街一幢极富特色的建筑里,文森特的课程开始了——那是一座中世纪的修道院,正面展现出帕拉第奥风格。他告诉提奥他一共参加了两门课程:一门是学院院长查尔斯·维莱特下午的油画课,还有一门是晚上的石膏素描课,在这门课上,学生们只画古代雕塑的石膏模型。他不再憎恶各种形式的教育,兴高采烈地传达了成功与满意的信息("我很高兴来到这儿")。在信中,他已经完全洗心革面,不再好斗、忧郁和孤独,而是一个深受同学和朋友喜爱、尽职尽责的学生。他还加入了两家绘画俱乐部:非正式的学生团体,深夜聚集在一起画模特,互相品评对方的作品,当然还有些社交活动。"我在试图和别人建立联系。"他向提奥保证道。

同样消失的还有曾经的那位愤怒的反传统主义者,他曾疏远自己的家人与朋友，对艺术有着一些古怪、专制的想法。文森特汇报说，当教授向他提出"严厉的"忠告，或者是批评他的努力时，现在他并不把教授的话视为挑衅，而是视为不断进步的机会。"我要重新审视自己的作品，"他开心地写道，"我能够更好地判断弱点之所在，这让我能够纠正自己的错误。"即使学院安排了非常紧凑的石膏素描课（石膏素描正是导致他与莫夫最终决裂的原因）也丝毫没有影响他在信中传递出的满足感。"当再次仔细审视它们时，"他评论学校巨大的石膏像画廊时写道，"古代雕塑家的惊人知识与感受的正确性令我十分震惊。"

目的已再明确不过，但是他还是对警惕的弟弟作了强调："也许最终我会感觉在这里就像在家里一样。"上课还不到两周时间，他就给提奥写了一封很长的恳求信：

> 我迫切地请求你，为了能有一个好的结果，你不要失去耐心或者良好的心态；如果我们在关键的时刻丧失了勇气，那么就是在给自己找麻烦，如果我们明确了目标，敢于采取行动并坚持到底，那么这个时刻就会对我们产生一定的影响。

文森特说道，权威人士和学院院长维莱特建议他至少要在安特卫普待上一年，只画石膏像和裸体模特。"这样，当重新

第四章 追逐太阳——"我看到了光"

回到室外写生或是画肖像画时,我就完全是另外一个人啦。"他保证说。他最需要的是实践,而且"这只是时间的问题,在这儿待上一段时间,将会大有裨益……我重申一遍,我们已经步入正轨"。

实际上,灾难已经降临在他身上。

维莱特对于每一位进入自己油画班的学生,都会进行面试,但是他的决定很难预测。据一位传记作家所说,他思维活跃,爱追根究底,对"新鲜未知的事物有一种偏好",同时也有强大的信念和暴躁的脾气。他把自己视为佛兰芒文化的拥护者,同时也是各地年轻艺术家的守护者——他招收了很多外国学生来艺术学院学习,尤其是英国学生。尽管他在巴黎接受了教育,并且对几个世纪以来的学院派风格造诣很深,但是他也坚持培养各类人才,并理解艺术培训具有局限性。他始终认为:"艺术家是天生的,并非后天培养的。"他钦佩安格尔、弗朗德兰、热罗姆和其他一些法国学院派大师,并在年轻时与恶棍一般的库尔贝结为知己,两人甚至还一同展出过作品。他的职业生涯充满争议。在艺术运动中他规避了"时尚",但也能够接受新艺术的宝贵经验:艺术家们应该享有自由,以便找到属于自己的创作风格。他说,是否润饰画作并不重要,重要的是能够"赋予自己创作的东西以生命,并且清晰地呈现作品的特点和感情"。

文森特的画夹中全是粗糙的素描和肖像画,虽然这些画都表现出了"特点和感情",但是缺乏雕琢,文森特或许让院长陷入了两难的境地。前一年秋天,学院对规章制度进行了一次大刀阔斧的改革,舍弃了陈旧过时的标准,开门接纳了许多各类应试者。维莱特是个亲英派,也许他看中的是文森特对英语的精通,并且凡·高、古庇尔、莫夫、泰斯提格这样的名字能让任何简历都熠熠生辉。尽管维莱特一直倾向于为文森特的认真和辛勤提供一次机会,但是他很少允许新生直接进入自己的班级学习。他一般会让学生们在石膏素描班上至少学习几周,以便证明他们对素描已经驾轻就熟,在他看来,对一个画家而言,这比知道"怎么读书写字都更重要"。对于像文森特这样的新生来说,如果能够马上进入大师的油画课堂学习,那将是一件非同寻常的事情。

事实上,文森特没有能够进入。与文森特一再告知提奥的情况正好相反,他从未获准进入维莱特的课堂。不管是遭到维莱特的拒绝,还是他从未向维莱特提出申请(学期很快就要结束了),他在绝望的欺骗中开始了艺术学院的生涯。他被允许参加晚上的石膏素描课,也许维莱特曾在其中起到过一定的作用,他不被允许在艺术学院画油画,也不被允许雇请真人模特画人体画。然而他在信中不断地向提奥吹嘘自己在油画课堂里的辛苦工作、"再次看到裸体模特"时的喜悦之情,以及与苛刻的新教授"相处"时的种种挑战。"现在我已经在艺术学院里画了几天油画了,"他写道,"必须说明,我非常喜欢。"

·第四章· 追逐太阳——"我看到了光"

根据一位在场同学的描述,维莱特与这个古怪的荷兰新学生之间的第一次遭遇非常突然,并且完全在意料之外,发生在那些让提奥安心的信件寄出之后的某个时间。也许是为了向提奥编一个好故事,有一天他带着颜料和调色板出现在艺术学院的油画画室之中,维莱特刚刚让两个男性的模特赤裸上半身,摆出摔跤的姿势。房间里挤满了六十位学生,他们都整齐地坐在画架和画布的后面,文森特这位不速之客,刚开始并没有引起老师的注意。但是其他人注意到了他。"有天早上凡·高来了,穿着一件蓝色的罩衫。"一位同学在几十年之后接受采访时说道。

"他开始狂热、疯狂地作画,他的速度很快,把我们都惊呆了。他在画布上涂满了厚厚的颜料,颜料从画板上流淌了下来,滴落在地板上。"

当维莱特看到这幅作品及其不同寻常的创作者时,他用佛兰芒语迷惑不解地问:"你是谁?"

文森特安静地回答:"嗯,我是文森特·凡·高,荷兰人。"

然后,学院院长指着这位新来者的画布,轻蔑地说:"这张画烂透了,根本就无法修改。我的孩子,赶紧到素描班去吧。"

文森特涨红了脸,强压着怒火,逃离了教室。

不论是不是维莱特的命令,在经历了油画画室的那次事件之后，文森特立即报名参加了第二门素描课。这是另一门石膏素描课程，在那里，他只能画学院收藏的石膏像。（这时，他最初参加的那一门课也即将结束，文森特还与老师弗朗索瓦·维克发生了激烈的冲突。）新的课程是在下午而不是在晚上，刚好能碰上下课的维克。对文森特来说，他现在的风险很大。如果失败了，那么除了谎言之外，他无法再向提奥交代。

曾经追随他很多年的问题，跟着他进入了这座宽敞的雕塑的宫殿。巨大的乳白色石膏模型屹立在房间中央，在煤气灯明亮的光线下俨然一座高浮雕，它使文森特像海牙焦躁不安的穷人和纽南的农民一样对自己的技艺有了一种切实的挫败感。在施恩韦格和克基拉岛时，不会有尤金·希柏尔德从背后伸过头来看。希柏尔德戴着夹鼻眼镜，头发往后梳，是位既挑剔又严肃的人，他不知道要怎么对待这位"外貌粗鲁、紧张兮兮、躁动不安的学生"，据一位同学说，文森特就像"一枚炸弹"落在了他经典主义的完美的展示橱窗之中。起先，他们接近对方时小心翼翼，但冲突仍然无法避免。"我激怒了他，"文森特抱怨道，"他也激怒了我。"

希柏尔德给学生们整整一周的课时——十六个小时——来完成一幅素描。文森特疯狂地画，让整个屋子的人都目瞪口呆，并且无法集中注意力，他画了一张又一张，却从不修改一笔，如果对哪幅画不满意，他就把它撕碎或是直接扔到背后。希柏尔德在教室里来回踱步，鼓励学生们要专心研究石膏模特

· 第四章 ·　追逐太阳——"我看到了光"

并"掌握它的轮廓"——也就是说,要细心地观察并完美地呈现它的侧面、比例和形态。他不允许任何敷衍,因为这会妨碍寻找到完美的线条:支腕杖、影线、点彩和粉笔着色,一概不许。"先画轮廓,"他指导说,"如果你在确定好轮廓之前就开始画模特,我是不会看的。"

但是文森特只会敷衍。他画任何人物都需要不断地去尝试——坚持不懈地尝试,使用一切可以采用的方法和材料,以创作出逼真的形象。希柏尔德要求简洁——白色的背景衬托着黑色的线条,但是文森特画出来的全是阴影。希柏尔德要求完美,但是文森特只能做到近似。面对公元前5世纪一位掷铁饼运动员光滑而优雅的躯体,文森特画出的却是一位臀部丰满的播种者,并用深深的皱褶来描绘肌肉,深得如同那位孤苦的人的大衣,背景则使用了从灰到近乎黑色的阴影。当希柏尔德试图纠正这种奇怪的表达方式时,文森特激烈地拒绝了,希柏尔德认为他是在"嘲弄自己的老师"。文森特在同学们之中传播"充满活力的造型"这一歪理,并宣称希柏尔德的方法是"绝对错误"的,从而使两人之间的争执不断升级。

但是即使在这里,远离了老师们"恶意的"严厉,文森特也只感觉到了失败和拒绝。从他夹着一卷卷古怪的油画和素描进入艺术学院的那一刻起,他的同学就有意地避免与他为伍,并取笑他那"难以置信的、独特的"绘画方式。很多年后,他们中的一员还能回忆出这位来自荒原的古怪访客让他们第一次大吃一惊时的情景。

文森特宛如一头公牛冲进瓷器店,马上在地板上铺开随身带来的一捆习作……大家都聚集在这位新来的荷兰人的周围,他看上去更像卖油布的行商小贩,忙着将那些可以轻易折叠的廉价桌布在跳蚤市场上铺展开来……

事实上,真的是很有趣的场景!引起了轰动!班上的年轻人笑得炸开了锅。

很快,一位野人闯了进来的消息像野火般传遍了整栋楼,人们上下打量文森特,好像他是什么稀有物种,是流动马戏团收留的"畸形人"。

开始时,文森特试图赢得这些折磨他的人的好感,他们大多比他要小十岁或十岁以上。这一年,劳动纠纷不断,很可能会引发比利时历史上第一次大规模的罢工,他急切地分享了自己在博里纳日的一些经历,渴望将这些人团结在一个艺术圈里。被视作"怪物"之后,他只得转向俱乐部之外寻求安慰,尤其是英国人,这些人的语言他也会讲,他和他们都背井离乡。和他一样,他们远离了家乡学校的清规戒律,来到安特卫普的艺术学院里寻找相对宽松的管理和裸体模特。一天晚上,他还给一位年轻的英国学生贺拉斯·曼·李文斯当了模特,帮他完成了一幅水彩肖像画。

是有意要画下文森特那张饱经风霜的脸,还是为了取笑他,李文斯的真实意图现在已经无法得知。事后,俱乐部里的

第四章　追逐太阳——"我看到了光"

其他人高兴地回忆起了李文斯的肖像画如何完美地捕捉到了文森特"扁平的头颅、红色的头发、瘦削的脸庞、尖尖的鼻子和乱糟糟的胡子"。在所有同学中,文森特在离开安特卫普后只与李文斯有过通信往来。六个月后,文森特从法国给李文斯寄去一封哀伤的信件("你要记住,我喜欢你的颜色、你对艺术和文学的想法,"他写道,"还有最重要的,我喜欢你的个性。")。这封写给二十三岁的李文斯的信的开头并不是"亲爱的贺拉斯"或是"曼",而是比较生硬的称呼:"我亲爱的李文斯先生"。

老师们的种种不耐烦,再加上同学们的排斥,让文森特变得越来越沉默。每天晚上,他还是会去俱乐部,抓住这一点仅存的艺术生活,因为这是他向提奥保证过的。但更多时候,他只是坐在角落里,发奋地用铅笔和炭笔进行抗争。无论是画一位百无聊赖的工人还是画一位傲慢自大的同学,文森特都会在画中使用强有力的笔触、参差不齐的轮廓、深深的阴影、自由的影线和各种各样的颜料。

这些离经叛道的画作没有让文森特的生活峰回路转,只让他与同学的隔阂越来越深。在他的沉默之中,他们读到的是敌意;在他的固执己见之中,他们读到的是傲慢。"他假装对我们视而不见,"其中一个同学回忆道,"在不妥协的沉默之中越陷越深,很快大家都认为他以自我为中心。"

1886年2月初,文森特对于安特卫普生活的虚幻想象全面瓦解。第一个班将他逐出，第二个班则让他受尽羞辱，第三个班即将给予他惩罚。同学们拒绝与他为伍，还嘲笑他的艺术创作，他找不到任何喜欢他的画商，没有任何人脉，也没有任何业余画家愿意出钱跟随他上课。曾经一度，他送了一幅画去参加绘画比赛，在学期结束时，又为这一尝试而自嘲（"我知道自己无疑是最后一名"）。但在他意料之外并让他措手不及的是，评委推荐他最好是去参加基础班的学习，和十几岁的小孩一起作画。

文森特的安特卫普皇家艺术学院之路，最终还是没能走通。

就像在德伦特时那样——文森特害怕自己已经"丧失所有快乐的机会……致命性地和不可避免地"，他向提奥求助。这次，恳求不是来自偏僻的荒原，而是来自安特卫普拥挤的街道；不再是劝诫性的要求——"加入我"，而是哀伤、心碎地恳求："让我和你在一起。"

从1880年开始，兄弟俩就一直为了文森特来巴黎的事争论不休——即使双方都不想。提奥曾多次向文森特发出邀请，那是当文森特的艺术或花销失去控制，而将两人的生活开支合在一起才能勉力支撑下去的时候。但是他的邀请中总是饱含着无奈与训斥，并不是真心实意的欢迎。也正是因为这个原因，文森特从未接受过他的邀请。相反，文森特总是等到提奥不再给他寄钱时，他就威胁要启程去法国，以此迫使提奥让步。

·第四章· 追逐太阳——"我看到了光"

一遍又一遍,在几个不同的地点——博里纳日、布鲁塞尔、德伦特、纽南,他们一直都在激怒和恐吓对方,直到最后,巴黎的重要性已远远大于其作为艺术家圣地的意义。对提奥来说,让文森特来巴黎,意味着他想让文森特自给自足的努力彻底失败;对文森特来说,这意味着他不仅要放弃独立,还要放弃他所宣称的艺术原则以及最终的胜利。对二人而言,这都意味着承认失败。

他们俩最近的一次争吵发生在1月。文森特仍妄想要去拯救自己的肖像画事业,再次敦促弟弟辞去古庇尔画廊的工作,在安特卫普开家画廊。当提奥在信里提出让他回荷兰时,文森特便立刻扬言要去巴黎——"并且毫不犹豫"。他到巴黎后的花销一定不会少,他警告道,他需要"尽可能频繁地定期使用模特"——而且这些模特肯定不会像在艺术学院时那样分文不收。此外,他还需要"一间像样的画室来接待客人"。

提奥提出了一个折中方案:如果文森特能回纽南待上几个月,并帮助母亲收拾停当——为她搬家到布雷达,他就可以动身前往巴黎了,兴许还可以在一间非常体面的画室中工作。为了吸引文森特,他不断炫耀费尔南德·科尔蒙的名字,文森特很早就知道这位画室大师,知道他宽松的规则和裸体模特,但文森特拒绝了这一诱惑。他愤怒地抗议提奥反对他待在安特卫普,向提奥重申了自己愿意在安特卫普生活,自己已别无所求,文森特挑衅地说自己准备继续在这里待上"至少一年"。

至于巴黎,他嘲笑道:"我们的关系还没好到那种程度。"

但是在2月初,情况急转直下。就和在德伦特时一样,因为身体垮了下来,文森特就像变了一个人,他急不可待地想与提奥在巴黎会合。之前几个月,他像完成任务一样每周写一封信给提奥,忽然间,他在两周内就给弟弟写了七封篇幅很长的恳求信。信中没有了责骂般的辩护,也没有关于金钱的强硬要求。相反,信的每一页都流露出他情深意切的恳求——不要让他待在安特卫普,让他去巴黎。"如果可以安排我们生活在同一座城市,"他以截然不同的语气写道,"那肯定是迄今为止最好的事情。"

他不仅同意提奥关于科尔蒙画室的建议,还用了很长的篇幅来表明这将对自己的艺术事业产生"至关重要"的影响。他不再强烈地要求有一间独立的画室,而是提出应该谨慎和节约。一个单独的房间就够了,他向提奥保证:"不管什么都行。"谈到安特卫普时,他向提奥道歉说没有取得更大的进步,也谦逊地承认在那里的时光"让人很失望"——又一个截然相反的说法。虽然从未承认在艺术学院的失败(更过分的是,他甚至让提奥相信他仍然是艺术学院的学生),但他放弃了自己编织的成功幻象,并罕见地向提奥表明了自己的真实状况。"如果我不去巴黎,"他承认道,"我害怕自己会一团糟,并且继续在同一个地方兜圈子,继续犯同样的错误。"

现在,同提奥团聚已成为头等大事。"团结就是力量。"

第四章 追逐太阳——"我看到了光"

他喊道,重新捡起了在德伦特时的那番话。他提及通往赖斯韦克路上的场景("可以一起工作,一起思考,将是一件多么美好的事情"),同时还泪眼汪汪地大谈其他兄弟"联手"的例子。如同在德伦特时所做的那样,他以令人渴望的家庭生活场景来想象两人在巴黎的生活。"晚上你回家的时候进入一间画室,对你来说并没有什么坏处,"他向提奥写道,"很长一段时间以来,我一直希望我们可以以这种方式相处。"他向弟弟保证,只要弟弟同意,他就会有健康的身体和更多获得快乐的机会。

在文森特如此强烈的请求下,提奥无疑已经预见到即将出现的灾难。之前的五年,他一直在忍受哥哥的狂乱之心,文森特的情绪在怀旧落泪和不顾一切的热情之间大起大落,在生气和自虐之间来回往复。提奥已经对文森特作出实质性的改变不抱任何希望。过不了多久,他们之间痛苦的、没完没了的争论将出现在他居住的城市,以及他的工作中、他的朋友间、他的家里。除了尽量拖延之外,别无他法。他找了一个借口——说自己的租期要到6月才能结束,房子里没有空余的房间,再租一套房子又很贵——再次敦促文森特回到纽南,至少到6月再来。

"绕道布拉班特毫无意义。"文森特道,焦虑地提醒提奥自己随时会改主意。

提奥建议他可以利用这段时间在乡下画一些风景画,但是文森特声称他必须"不间断"地画石膏像——暗示他不会作出丝毫妥协。

最终，提奥做了他经常尽量不让自己做的事情：对文森特说"不"。他告诉文森特不能马上到巴黎来，必须要等到夏天才可以。

但文森特一刻也等不下去。收到提奥的信后没几天，他就搭乘晚上的火车去了巴黎。他还欠着房东、颜料商和牙医的钱。对于自己的计划，他没有向提奥透露一丁点信息。第二天提奥在办公室收到一封短信时，才知晓这件事。"亲爱的提奥，"信中写道，"希望你对我这一次的突然到来不要生气。我对此事已经思虑再三，我相信我们可以通过这个方法节省时间。明天中午之后，或者更早，如果你愿意的话，我会一直在卢浮宫……你来得越早越好。我们会把事情处理好，等着瞧。"

2
逆流而上

巴比松画派的田园牧歌和米勒农民画的那种富有怀乡色彩的素朴，对那些没有耐心等待未来的年轻画家来说，早已失去了吸引力。自文森特在古庇尔失宠后离开巴黎的十年间，印象派画家为了合法性（和销售）所作的长期斗争，已经从最初的叛变，到辩白，直至渐渐沉寂。

· 第四章 ·　　追逐太阳——"我看到了光"

在好斗的文学圈的影响下，激进的艺术家们带着彼此冲突的意识形态（每一方都得到自己一派的批评家和喉舌的支持），分裂成一些随波逐流的、争吵不休的小派别。

有些人攻击印象派未能在拥抱未来的科学主义方面走得更远。在乔治·修拉的带领下——修拉是一个海关官员的儿子，一个已经醒悟过来的美术学院的学生，他们认为色彩可以被分解为一些基本成分，在观众的眼睛对一件艺术品作出反应时，这些基本成分在他们的眼睛里再度合成。他们追随实证主义哲学以及布兰克和谢弗勒尔关于色彩的科学理论，拒绝再在调色板上将色彩混合起来，而且宣布，通过将每一笔都分裂为细小的、纯色的"点"，并且将每一笔都单独地施加于画布，就能够获得更生动的效果。

修拉用大部分时间急切地准备了一份伟大的"宣言"，来证明他的分色理论。为了作一些准备性的素描，他一次又一次地来到塞纳河上一个叫作大碗岛的小岛，那是巴黎人最喜爱的休闲和散步的去处。他向追随者展示这些习作，把它们当作一个精心安排的科学研究计划，其中涉及对色彩和光线的精确测量。他还给那幅在画室里逐渐成形、一点点完成的巨大油画，取了一个恰当的描述性标题：《大碗岛上的星期天下午》。修拉把他的新方法称作"多色外光派"，但他的追随者们更喜欢较简洁的名字，例如"分光派"或"点彩派"。

其他团体则以相反的理由攻击印象派：因为它过分依赖科

《橄榄树》 凡·高 1889年
1889年11月，凡·高绘制了5幅橄榄园的作品，这是其中的一幅，明显有着修拉的"点光派"风格。

·第四章· 追逐太阳——"我看到了光"

《大碗岛上的星期天下午》 乔治·修拉 1884年

学了。没有任何一种科学法则（不管是多么科学地加以表述并得以实现的科学法则）能够表达生活中难以把握的意义和生命中最深刻的秘密——而这就是艺术的终极主题。

这就是等待着文森特·凡·高的巴黎的艺术世界。距离印象派在这个世界中打入第一个楔子有数年之久，沙龙变成不断喧哗、骚动的学派，这些学派由于得到种种或高贵或卑鄙、或实业或商业、或福音或自吹自擂的观念的推波助澜而变得更加炫目。这个世界维系于咖啡馆争论的气氛、哗众取宠的评论以及某些信念之上：历史将大度地奖赏那些获胜的艺术和观念，无情地淘汰其他一切。

文森特怀揣着唯一的目的来到巴黎：让提奥高兴。他来前并没有宣布，到达时出人意料，也没有受到任何人的欢迎。多年以来，他一直将兄弟团聚视为一种完美和必然的满足——渐渐的，这成了唯一的可能。来不来巴黎取决于他，他非常担心会招致提奥的不满。"我不敢确定的是我们能否处得来，"他在从安特卫普动身之前数周写给提奥的信中坦白道，"如果我们马上要在一起，我在许多方面也许会令你感到失望。"

不过文森特的新野心也带来了新需求。提奥拥挤的公寓对兄友弟恭来说不仅是个威胁，也不能实现文森特对于"一个在需要时可以招待客人的相当不错的画室"的愿景。因为缺少空间，他也许全盘放弃了作画。在来到巴黎之前急于见到弟弟的文森特一度放弃了寻找一个画室的想法。他甚至主动要求在

· 第四章 ·　　追逐太阳——"我看到了光"

最初的几个月就住在阁楼里，然后等待一年光景，直到能得到一个独立的画室。但是，巴黎的诱惑，还有提奥的都市生活作风，都重新燃起了他的渴望。初来乍到时，他或许开始敦促提奥寻找一间更大的公寓。无疑，他在积极寻找这样一个地方——在脑海中排练了多次。"如果想要开设一个画室，"他从安特卫普写信说，"那就必须仔细考虑在哪里租房子，在哪里有最大的机会接待来访者、交朋友和出名。"

勒皮克路54号宽敞的四楼公寓像一件量身定做的套装符合文森特这些特殊的要求。

6月搬到新居后，他还开辟了另一个生财之道：旅客画像。每天都有成群结队的观光者沿着蒙马特山丘的主要道路勒皮克路拾级而上，在小山顶眺望巴黎的著名景观。从兄弟俩的公寓到红磨坊只有一个街区之隔，红磨坊集餐饮、舞厅和公园于一体，以美食、美酒和康康舞白天黑夜一刻不停地吸引着成千上万的游客。红磨坊将山上三座残剩风车中的两座纳入麾下："拉代"和"细筛"。从后者危险的观景楼上可以看到全巴黎最壮观的风景：在飞行还异常地罕见的时候，这里全景式的大都会景观是任何人在任何其他地方都看不到的。

那年春天的某个时候，文森特以一种新的方式来庆祝他的新生：他凝视着镜子里的自己。他不画自己掉了牙齿、两颊凹陷的样子，而是将自己画成一个漂亮的艺术家——一个还十分年轻的人（已经有点脱发），穿的不是米勒那种松松垮垮的蓝色工作服，而是一件笔挺的羊毛上衣和一件高领背心，还系着丝绸领结。这分明是一个把自己照顾得不错的人：胡子剃过，头发卷曲，牙齿也补过；一个举止文雅、彬彬有礼的人：胸膛挺起，精神抖擞。如果不是手持画笔和调色板，他看上去就像一个商人，也许是一个巴黎的画商，正心烦意乱地抽着威尔士王子烟斗，用怀疑论者的目光朝你投来一瞥。

只有到这时，文森特才首次描绘他在镜子里看到的自己。

文森特没有模特，却决定要探索色彩问题，他转向了一个新的主题：花卉。这一选择既有自卫的意图，也有商业的考虑。提奥曾赞美蒙蒂切利的作品，他那些描绘花卉和节日宴会的小幅画作色彩大胆，颜料厚重，吸引了巴黎及其他地区数量不多的狂热追随者。提奥不仅代理蒙蒂切利的作品，而且还保留了一部分作为自己的收藏——他认为蒙蒂切利既是那种能够销售画作的艺术家的代表，也是兄弟情义的象征。蒙蒂切利于当年6月离奇死亡之时，狂热的文森特立刻将他视为一个英雄：一个为色彩牺牲的烈士。他冲到自己的画室，开始描绘一系列小幅、紧凑的静物画：一些用渐淡法画出的饱含了辛辣的红色和黄色的花卉。他在深蓝的背景上画了橙色的百合，还在深不可测的蓝色背景中、在姜黄色的罐子里乱蓬蓬地加上了太阳似的菊花。和蒙蒂切利一样，他甚至还用厚涂法画了一些最明亮的鲜花，又在上面投以伦勃朗式的浓重阴影。每幅画都以丰富的色调、戏剧性的光线、幽暗的背景以及浓墨重彩的颜料画

第四章　追逐太阳——"我看到了光"

出,既是对蒙蒂切利(以及德拉克罗瓦)的致敬,又是对所有所谓"现代"色彩学家的批驳。

秋天已过,冬天将至,文森特变得越来越孤独,也越来越目中无人。如果有什么值得强调的话,那么当天气越来越寒冷,鲜花都逃向南方之际,文森特无疑筑起了一道比以往更高的狂躁的篱笆。他重新回到了春天画过的主题:靴子的静物画、蒙马特高地的风景,甚至是画室里小小的裸体石膏像。只有到现在,他才运用互补色来反复描绘它们:有些以生动的对比画出,有些以和谐的色调画出,有些则兼而有之。他画乌云密布的天空下城市生活的小插曲,以此来否定印象派画家的阳光;他用更多的纽南掘地者的画作来拒斥他们轻率的痴迷——只不过,他笔下的掘地者如今穿上了蓝色和橘色的衣服。

他一次又一次地转向镜子,总是把自己画成领口饰有缎子花边的"漂亮朋友"式的资产阶级艺术家——只是如今总是拥有明黄色的胡子、一条蓝色的领带,要不在大红的背景中穿着一件深绿色的外套。他用如此浓厚的笔触和浓烈的色彩画他的静物画,以至于科尔蒙班上的一个同学回忆说,它们让铃鼓咖啡馆的顾客和唐吉商店里的顾客都"感到可怕"。

在这些及其他作品里,文森特以一种不妥协的对立情绪喊出了心声,表达了他对艺术的不同看法。这种不同看法源自他处,也只有用其他手段才能获得安抚。

3
手足

文森特想象一对艺术家兄弟如何像一个人那样感受和创造——"是对自我的融化"。文森特从孤独的荒野和码头带到巴黎的是同一种想象。"我希望我们在生命结束前,也能一起工作,"他在到达巴黎的前夕这样写信给提奥,"要是我们有这样做的愿望和勇气,难道就不该讨论一下吗?"

但是事情并不是想象的那样。团聚的欢喜很快就让位于相互适应的现实。自文森特在津德尔特牧师公馆的阁楼上与弟弟一起生活时起到现在已经二十年过去了。他对待他们在勒皮克路公寓的家,就像是对待克基拉岛的画室似的:将他的颜料和工具弄得到处都是,直到,据某位来访者所说,"它看上去更像颜料店,而不是公寓"时为止。"一切都混乱不堪,"另一位来访者回忆道,"文森特将他对混乱的喜好扩散到了每一个房间。"

他自由自在地将丢弃的衣服与湿画布混在一起(甚至用提奥的袜子来清洁他的画笔),在家里清出一个狭长的空间来画一幅静物画(或者,偶尔让模特为他摆姿势)。一位在他家过夜的客人回忆说:"早晨从房间出来,一脚就踢到了文森特遗忘在那里的一罐颜料。"逃离科尔蒙工作室之后,文森特立刻恢复了他在荒野的个人习惯,既不洗澡,也不洗衣服。"他看

· 第四章 ·　　追逐太阳——"我看到了光"

上去总是脏兮兮的，一副无精打采的样子。"提奥向他们的妹妹威廉明娜抱怨道。在搬到新居一两个月后，提奥不知何故病倒了，而露西，他们的看房人兼厨师，则逃之夭夭。

文森特还影响了提奥的社交生活。在文森特来到巴黎前，提奥充分享受着社交乐趣：在塞纳河荡舟，在杜伊勒里宫漫步，接受官方招待，夜晚不是上戏院，就是听歌剧，周末在乡下系着白领结参加烛光晚会，与名流一起演出和跳舞，以及在凌晨两点用早餐。尽管在人群中，提奥经常感到孤独，但他是一个有吸引力的、开心的客人，而他那矜持的魅力为他赢得了不少邀请。

文森特的到来使这一切都改变了。作为提奥工作的重要组成部分，社交旅行已经变得不再可能，除非他将性格乖戾的哥哥弃之不顾——由于文森特对兄弟情义的过高要求，这种可能性变得越来越小。无疑，提奥也不认为哥哥的行为十分靠谱，可以被介绍给那些杰出的艺术家、收藏家和艺术商人。他们的地址写满了他的笔记本。出于同样的理由，他也得处处留心请什么样的客人到勒皮克路上的公寓来（关于这一点，他坦承"情况糟透了"）。只有很少几个人（多数是荷兰人）值得信赖，他们还不至于十分介意文森特那与众不同的生活方式。

不过大多数时候他们都在为艺术的事情争论——这个主题避开了兄弟之间的愤恨，却为文森特提供了最有说服力的武器：一支画笔。1886年的夏季、秋季、冬季，自卫性的对立巨浪横扫画室，这一巨浪伴随着语言的巨涛——激烈和无情的程度不亚于荒野的风暴。只是这些争吵无法被搁置。"当提奥筋疲力尽地回到家里，他发现根本无法休息，"提奥的女友乔·邦格说，"性格冲动、激烈的文森特开始长篇大论地阐述他自己的艺术和艺术交易的理论……这要持续到深夜。事实上，有时候他就坐在提奥床边的椅子上，说出他最后的结论。"

当独立画商提奥捍卫自己的提议，要销售一些新艺术家的作品，包括印象派的作品时，文森特就会猛烈地攻击他们的户外画法。"它永远不会值钱。"他嘲笑说。但是，当提奥从这样的计划中撤退，重新回到古庇尔上班的时候，文森特又嘲笑他是拿工资的奴隶，并且重新提起了多年来令他们的通信充满痛苦的那些争论。文森特怀有不可理喻的激烈态度，经常会在争论结束的时候全盘否定他开始时的观点，就好像争论本身才是重要的，而结论无关紧要。"你能听到他开始时这样说，后来却那样说，"提奥在绝望中大叫道，"他的论据一会儿支持一个论点，一会儿又反对同一个论点。"

文森特在艺术上的对立情绪，无论是用语言还是用画作的方式来表现，都既不能安抚人，也无法让人理解。这样的情绪还带有其他的愤懑不平。"他会滔滔不绝地跟你谈论印象派，"安德里斯·邦格回忆道，"在这个过程中，他会触及任何一个可能的话题。"对文森特来说，与弟弟的所有意见不合——在艺术上、在金钱上、在前往布雷达和阿姆斯特丹的计

第四章 追逐太阳——"我看到了光"

划上、在追求独立上,以及在婚姻的梦想上——最终都成为一种深刻而又无法释怀的伤害。"我们不再相互怜悯,"提奥向他妹妹坦白说,"他利用一切机会向我表示,他蔑视我,而我则讨厌他。"

数月的怨恨对提奥本来就脆弱的健康造成了巨大的伤害。文森特来到巴黎以后的几个月里,一直纠缠提奥的奇怪疼痛,在圣诞节期间变本加厉了。他身体的各个部分僵硬得不能动弹;他本来就清癯的体态开始变得更加消瘦,虚弱难支。他的脸肿胀起来,面目几乎不能辨认——"事实上他已经没有面孔可言。"

提奥相信生病反映了精神与肉体的双重失败(他说"生病绝对不合适"),他寻找多种方法想要找回他的自律。他不用到远处去寻找,"他已经决定要离开文森特,"安德里斯·邦格在新年前夕告诉父母说,"一起生活已经不再可能。"

提奥用另外三个月付诸行动。"曾几何时我热爱文森特,他是我最好的朋友,"他3月写信给妹妹威廉明娜说,"但这一切都已经过去。我希望他能离开,独立生活,我会尽我所能实现这一点。"即使在此时,他也拒绝了威廉明娜要他与文森特一刀两断的建议。"要是我告诉他,他必须离开,"提奥绝望地说,"那只会给他一个理由留下来。"提奥或许会选择暂时搬出公寓,而不是去面对哥哥。不过,信息还是传出去了。4月,文森特向荷兰驻巴黎领事馆提出申请,请求允许他回到安特卫普。只有当那条不可见的纽带紧张到即将崩裂的时候，文森特才意识到要修补它了。

　　与过去一样，文森特将热情转向了艺术。提奥总是建议哥哥画风景画，他对风景画的安抚效果以及大自然之美的商业价值深信不疑，但自他反对文森特画德伦特的荒野景观，认为它们太像孩提时代最喜爱的乔治·迈克尔的画以来，他的提议就一直得不到文森特的回应。在文森特对米勒的过分崇拜，以及对《吃土豆的人》的狂热中，提奥的观点开始变得越来越像是某种阻碍——只是为了打压文森特对人物画的激情。当提奥催促文森特转向布拉班特，建议他画风景画而不是去巴黎满足他对裸体模特的需求时，这种印象在安特卫普就得到了确认。作为回应，文森特干脆放弃了户外画法（"巴黎佬对户外习作根本不关心。"他坚持说），并且宣布在户外作画对他的健康不利。

　　从那时开始的一年时间里，他几乎没有走出过勒皮克公寓附近。他记录下他的邻居，以及从窗户里看到的风景（就像他在每一个新家所做的那样），但是很少走访公园。在一个迷恋夏日热浪，从中释放自我的城市里，他却整个夏天都窝在画室里，一幅接一幅地画那些枯萎的花卉。

　　不过到1887年，这一切都变了。在树木开始抽条前，文森特已经拖着他的画箱和工具，翻过小山丘，越过包围着老城区的东倒西歪的棚屋，穿过围着新城区而建的工厂和红灯区。最

·第四章· 追逐太阳——"我看到了光"

后,他到达了三英里以外的塞纳河河岸——距离修拉使其不朽的夏季游乐场大碗岛不远。

接下来的好几个月,他在这条路上的不同位置,一再调动手中的颜料和画笔,还有目光,全力争取弟弟的认同。在放弃了数年以来刺耳的争辩和毫不妥协的画法后,他开始拥抱提奥一直以来徒劳地向他宣传的艺术:印象派。即使以文森特的喜怒无常来衡量,这也是一种突然和戏剧性的逆转。他在市区的大道和郊外的大路上架设画架,让画架紧挨着工厂里的庞然大物和郊区的风景(这些主题都是新艺术最喜欢,也是他一直忽略的),以明亮的色彩和饱和的光线将它们画下来(这些曾经是勒皮克公寓里大量争论的焦点)。

整个春天和初夏,他一次又一次来到阿尼埃尔附近的同一个地区。这些出行还有一个好处(即使不是有意的),那就是离开公寓。安德里斯回忆道,提奥"一直盼望着文森特去乡下,那时他就会安静下来"。文森特从长期的抗拒中解脱出来,绝望地想要赢得弟弟的好感。他尝试着印象派的各种技巧,每一种都是他仔细研究过的,即使是在他抗拒它们的时候。

其实文森特在前一年冬天画的静物画,以及为苏格兰人里德所作的肖像画里,他早就已经开始用印象派笔法了。由于米勒和布兰克对颜料的运用相对来说不那么在意,他的画笔可以自由地探索新艺术的肌理效果,即使他继续攻击那种懦弱的调色法。早在安特卫普期间,《吃土豆的人》浓重而特征不清的画法,就已经让位于肖像画中清晰的轮廓了。这种画法又让位于前一年夏天所画的那些花卉的渐变层次。早在1887年1月,他就已经尝试运用稀薄的颜料,以及莫奈和德加之类的印象派画家更为开放的构图。到了春天,他彻底放弃了过去浓重的厚涂法和紧凑的表面构图法,开始采用全然书法式的笔触,这种新笔触就像色彩或光线那样成为新艺术的特征。

他在这年春夏所作的油画充满了时髦的、迅捷的短线和点子。他以各种方式来安排它们:干净的平行线、交叉的编织线,以及精心变化的图案。有时候它们是风景的轮廓;有时候它们呈放射状向外扩展;有时候它们以相同的方向横扫画布,仿佛遭到一阵莫名的狂风吹拂。他用紧凑、重叠的厚点子,用复杂的色彩,用一束束松散的、格子状的颜料(以至于露出底色或画布),分别来处理它们。他的点子积聚成块、成丛,规则地填满了大块区域,或是像疯狂的蜂群那样密密麻麻地撒满画布。

在所有这些实验中,文森特获得了一种事先无法预料的效果。多年来他那版画家一般的眼睛,已经在无意中使他能够画出那种足以成为新艺术的画作。为了用新风格来带动自己的手,他只需调动这些旧技法,来为他对色彩的新理解服务。

提奥当然认识到哥哥艺术上的变化,也欢迎他在长期的拒绝后终于向印象派张开了怀抱。"文森特的画开始变得明亮起

· 第四章 ·　追逐太阳——"我看到了光"

来,"他在5月写给妹妹伊丽莎白的信里说,"他想要在绘画中投入更多的阳光。"而那些大自然的画作则像牧师公馆的花园一样有魔力,"大自然无与伦比的伟大",使提奥欣喜若狂。因为文森特长时间离开公寓,加上得到一个新医生的帮助,提奥的身体已经康复,至少是暂时康复了。不知道是文森特艺术中的变化,还是精神的改善,抑或仅仅是春天的来临("人,就像大自然,当阳光普照时,坚冰就会融化。"他写道),提奥主动与哥哥和解。"我们已和好如初,"4月他向妹妹威廉明娜写信说,"我希望会持久……我已经请求他留下来。"

　　如果说夏天明媚的风景掩盖了文森特的绝望,那么一幅自画像则揭开了真相。他用油画创作了另一个系列的自画像,都是大尺寸的,而且全都画在油画布上——仿佛那年春天那些小型的纸上作品已不足以表达他的罪过或悲戚。他不再穿戴丝缎,镜中呈现出一个艺术家身着皱巴巴的工作服的样子,头发剪短了,脸颊凹陷,目光呆滞无神。尽管蒙马特高地的画室光线充足,他却站在牢房般幽暗、朦胧的背景里。安特卫普那个目光空洞的逃犯的形象又重返画布之上。在一封给威廉明娜的信里,才三十四岁的文森特写道,他"迅速变成了一个小老头——你知道,满脸皱纹,胡子拉碴,满嘴假牙,如此等等"。对提奥,他更是直截了当地说:"我早已觉得苍老,内心支离破碎。"

　　他也在绘画中反复思考同样的黑暗想法,如为安戈斯蒂娜所画的鲜花作品。他选择了夏季开放的一种花,画了一组三联画。

在第一幅画中,他从花茎上剪下两朵早已枯萎的花,将它们搁在桌上。他将它们放在桌子前,这样就可以从正面观察它们,然后将它们放大到整个画面中,他那种痴迷的笔触就可以探索其渐渐死去的每一个细节:无用的种子、渐萎的花瓣边缘,还有垂死的叶子。他将它们画成浅黄、淡绿以及密密麻麻的红点,以一种孤僻的特写对完美之物的消失作了总结。在第二幅画里,他为其中的一朵花重新赋予了生命。它那旋涡般的中心鲜艳夺目,丰饶美丽。那新鲜的黄色花瓣的边缘绿油油的,在深蓝色的背景上艳丽地弯曲、旋转。不过这一次,他郑重其事地将第二朵花折叠在第一朵花的背后:面对另一方向,在其娇艳同伴的衬托下显得暗淡无光。

最后,他绘制了最大的一幅(2英尺×3.5英尺),四朵巨大的向日葵呈放射状呈现在画面上。三朵像阳光那样开放,每一朵都有翻滚着的黄色花瓣构成的光环,每一朵都有丰富而耀眼的种子,每一朵都有自己长长的、绿色的茎干——刚刚割下,但依然生机勃勃。只有第四朵转向反面,隐藏着脸,显示出它那短短的、切割不齐的花茎,预示着它那短暂而凄凉的结局。

文森特孤独,害怕,心力交瘁,无法工作。他只得眼睁睁地看着他在咖啡馆的油画和版画在拍卖会上流标,被当作垃圾——"可笑地堆在一起"。除了在债权人的橱窗里,这些

·第四章· 追逐太阳——"我看到了光"

《向日葵》 凡·高 1887年
1887年,凡·高在巴黎创作了4幅向日葵画,高更买下了其中较小的两幅,后来又转手卖出。

画是他的第一个"展览"。后来，有个同时代的艺术家称之为——一个笑话的胜利。

4
古庇尔夹层

重新获得的兄弟之情甚至扩展到了提奥的工作中。直到最近之前，他们之间的妥协始终处于蒙马特大道古庇尔分公司的大门之外——文森特十年前在此惨遭解雇。即使提奥没有直截了当地禁止哥哥出现在那里，文森特也会认为那里不欢迎他。没有证据表明在他长达两年的巴黎岁月中，他曾经驻足于提奥的工作场所。仅仅提到古庇尔这个名字，就会激起有关提奥的死心塌地以及"真正自我"的争论，激烈的程度不亚于来自德伦特的书信。文森特从白天说到夜里，恫吓提奥说整个艺术市场已经堕落，而古庇尔尤其不堪。提奥在1886年想要成为独立经纪人并选择了安德里斯·邦格做合伙人，此举虽然伤害了文森特，但丝毫不令他惊讶。提奥从来没有停止过对文森特异乎寻常的艺术和艺术知识的钦佩，但是，一个古庇尔经纪人的生活中充满了细致曲折的谈判艺术和妥协，这对他那个脆弱而又脾气火暴的哥哥来说，是不可能合适的。

但现在一切都变了。

事实上，当提奥从阿姆斯特丹铩羽而归时，古庇尔就不再

第四章　追逐太阳——"我看到了光"

是古庇尔了。公司已经正式改名易姓。1884年，随着著名创始人阿道夫·古庇尔的退休，画廊被重新命名。当文森特来到巴黎时，提奥所在的画廊的门牌是"波索、瓦拉东及西公司"，以古庇尔的合伙人利昂·波索，以及波索的女婿、画廊经理勒南·瓦拉东的名字命名。然而，此后数十年，人们仍习惯把它叫作"古庇尔"。

不过，改动的不仅仅是名称而已。新一代的管理层开始主事。除了三十八岁的瓦拉东，波索还将二十九岁的儿子埃蒂纳和二十七岁的儿子让，都弄进了公司。他们共同将古庇尔的古老生意带进了一个新时代。他们终止了与布格罗之类的沙龙艺术家的长期业务关系，减少了大量学院派艺术家的份额（他们的学院派风俗画和历史题材画曾是公司的主打产品）。他们调整了绘画与摄影部门，以便利用新技术和新媒介，特别是杂志。1887年5月，他们举办了一个规模巨大的拍卖会，为新事业筹集资金，并借机销售存货。

最后，他们决定进入新艺术的市场。在德鲁奥酒店那次灾难性的拍卖会过去十年后，印象派的成功使他们相信，即使是古庇尔这样的公司，也被迫接受了观众不断改变的趣味。1887年，他们与利昂·莱米特签订了一份合同，这位四十三岁的艺术家的名气刚刚开始显现。莱米特色彩斑斓的油画和色粉画，将巴比松画派的乡村景色（一种长销产品）与印象派的光线和笔法完美无瑕地结合起来（事实上，莱米特曾被邀参加印象派画展，但从未参与）。提奥也批准了一个计划，要直接经营某些最早的印象派画家的作品，特别是莫奈和德加之类的艺术家的作品。他们的作品开始以令人印象深刻的价位出售，而这意味着还会涨价。

然而，他们的冒险还没有到此结束。他们从几十年的真正经验教训中学到了经营之道（人们可以从边缘艺术，甚至是有争议的艺术中赚钱），同意率先寻找并支持那些尚未成名的艺术家。古庇尔冒着赔本和毁誉的风险物色下一代印象派画家，不管他们会是什么人。

最终，他们选定了人手来领导这项搜寻工作：提奥·凡·高。

历史将证明提奥在古庇尔公司支持新艺术的创新之举中扮演了一个怎样的角色。但是，在当时，他在公司的地位被他前一年夏天的突然离开所影响。公司的调整大大越出了他所在的蒙马特大道的画廊的范围，画廊的许多方面都完全受制于阿道夫建立在夏普塔尔大街上的石灰岩大厦总部。提奥当然支持这个计划，他甚至还为之游说过。多年以来，他一直追踪、敬佩新的艺术潮流（并以它向文森特施压）。他还数度涉足这一市场。事实当然也证明了他是对的。

不过公司的其他人等，包括他的新老板们，也分享了他的热情。最终，使提奥·凡·高能够代表古庇尔公司经营新艺术的重大决定可能与建筑上的某种偶然性有关：只有蒙马特分公

·第四章· 追逐太阳——"我看到了光"

司开设了一个独立的展示区——一个空间不大、光线不佳的夹层，在那里，富有争议的新作可以与公司的那些不那么喜好新意的顾客隔离开来。

4月，也就是在古庇尔公司大规模抛销的前一个月，提奥以惊人的举措开始履行他在公司的新艺术计划中的责任，吸引了整个前卫艺术界的注意。在同一单生意中，他一口气购入了三幅莫奈的画，而且答应将公司夹层的大部分空间用来展出至少一打这位画家的近作——大多数是美丽岛布列塔尼海岸的风光。这单生意不仅对莫奈来说意味着其作品在市场上大获成功（到那年年底，提奥令人震惊地以差不多两万法郎，购下了十四幅莫奈的画），而且是印象派从前卫艺术走向投资级别的过程中的里程碑。几乎与此同时，提奥以令人瞠目的四千法郎，买进了德加的一幅大尺寸油画。

接受了提奥的代理后，莫奈抛弃了保罗·杜兰-鲁埃，一个将莫奈从德鲁奥酒店惨败的拍卖中拯救出来的画商。这一背叛即使那些在蒙马特公司夹层中展出的作品成了焦点，也印证了旧秩序的急剧变化。提奥在莫奈身上砸下巨资比全公司抛售存货的反响更为强烈，似乎是在大声地向艺术世界传达这样一个信号：建立在古装小花样、战争场面、漂亮姑娘与农民之上的沙龙艺术的堡垒古庇尔——连同它的国际销售网、新闻网，以及忠诚的收藏者大军——已开始进入"现代"艺术市场。

在蒙马特画廊内，春夏所经历的波澜几乎没有影响提奥忙碌的日常工作。他仍然将大部分时间都花在画廊的主楼里，销售古庇尔公司的"常青树"商品，如卡米耶·柯罗和夏尔·多比尼等人的作品（这两人都是巴比松画派的风景画家），与维托里奥·科科斯（另一个专门画女人的画家）之类的时髦画家保持良好的关系（他们的作品持续地成为画廊的主要收益来源）。在用公司的钱购进作品或代售一幅画之前，他继续仔细地评估收藏家们的兴趣，减少对无销路的艺术家的代理份额，不管他个人如何仰慕他们的作品。

春天的任命使得大量新艺术和艺术家走进了古庇尔的收藏室。在那里，提奥也遵循了同样的原则。他高度重视那些声名鹊起、早有市场（尽管不稳定）的艺术家，例如拉法埃利和莫奈。他似乎从不受艺术家的咖啡馆和巴黎评论界的意识形态斗争的影响，他用他一直以来的商业标准来评估那些名气不大的画家的作品——这些标准长期以来一直令文森特感到不快：色彩漂亮吗？画得富有生气吗？主题招人喜欢吗？悦人眼目吗？一句话：它能卖出去吗？

然而，在画廊的墙壁之外，提奥生活中的一切都变了。古庇尔的新政策在尚未成名的年轻艺术家中引起了一阵骚动，他们在拥挤不堪的巴黎艺术界寻求认同。他们当中的大多数人，不管是年轻的还是年长的，都来自中产阶级。无论他们的理论多么不同，言辞多么不一，他们都与文森特一样，在艺术追求中掺入了资产阶级对舒适和名声的同样的渴望。除了面向几个

· 第四章 ·　　追逐太阳——"我看到了光"

同好展览，他们展出画作的机会较少，而购买他们作品的顾客更少。和文森特一样，他们苦涩的书信塞满了家人和朋友们的信箱，咆哮着不公、贫穷和忽视。因此，古庇尔公司开放大门及金库的承诺，所提供的不仅是提高他们收入的可能性，而且是使他们获得合法性的允诺——使他们的作品有机会与德拉克罗瓦和米勒的作品挂在同一屋檐下。罗特列克的贵族家庭原本对儿子的艺术表现出来的"下层生活的自然主义"皱起了眉头，但是当他们听说他的作品将在"大艺术商古庇尔公司"展出时，立刻就流露出了骄傲的表情。

为了摆脱大力宣扬的喧闹和新画作市场的混乱，提奥转向了一个眼力和忠诚度都十分可靠的人：他哥哥。去年以来，他们之间关于现代艺术趣味的鸿沟，已渐渐弥合。从前年夏天蒙蒂切利的调色板，到今年春天印象派的光线与主题，文森特一步一步放弃了因《吃土豆的人》而怀有的戒备心理，回到了对大自然的丰富多彩的欣赏中来，而这种眼光是由同样的画作训练出来的。兄弟俩总是分享对自然主义，尤其是风景画中的自然主义的钟爱，对过分精致的（"有强迫预谋的"）画作充满狐疑，对粗俗的画作则深感厌恶。

他俩都将新艺术看作老艺术的"重生"，而不是对老艺术的拒斥——一种渐进的演化，不是由某些人谋划出来的革命。他们从不间断地寻找吸引他们的新画作与他们长期推崇的老画作之间的连续性。从他们共同的老师泰斯提格那里，他们都学会了"从内心"观看新艺术——当然也用眼睛,他们从不人云亦云。"永远不要谴责艺术中的新运动,"泰斯提格警告他们说,"因为你今天谴责的,十年后可能会让你膜拜。"

提奥从来没有完全信任过哥哥的商业感觉——没有证据表明他购进或卖出一幅画靠的完全是文森特的推荐。他进入新的生意领域时,他们之间发生过争论(显然是文森特引发的),其中既有实际的考量,也有艺术上的原因。提奥狂热地计划要不断追踪令人眼花缭乱的新艺术及艺术家们,他们没有得到常规画商们的代理,几乎每天都在城里的某个地方展出作品。文森特拥有的敏锐的目光、广博的知识,以及生动的描述能力,使提奥更多地出现在了艺术家们的面前。那些尚未成名、处于边缘地位的艺术家,会认为文森特不是外人,而是他们中的一分子。他可以理解他们的抱负并跟他们讲道理,也可以安慰他们说,提奥不同于其他画商,能够理解他们的事业以及他们的困境。文森特还可以请求与他们互换作品,利用"这将引起提奥的注意力"这样一种隐含的许诺,来建立起兄弟俩自己的收藏。

在充满了竞争的氛围中,这样一个圈子迅速地在凡·高兄弟俩周围形成。但是,就像巴黎艺术世界里的其他一切事物一样,这是一个不断变化、朝生暮死的团体——不是一个因共同感兴趣的"良善的"目的而团结在一起的松散团体,是受提奥闯入他所谓的艺术的"新流派"之后带来的商业前景感召的一群人的集合。

· 第四章 ·　　追逐太阳——"我看到了光"

某些艺术家，如卡米尔·毕沙罗，被吸引过来，只是期望增加收入。作为印象派画展最早的元老之一，毕沙罗眼睁睁地看着他的同伴画家如马奈、德加，还有莫奈如今的身价飞涨，而他的幸运之日却没有出现。到1887年夏天，急需要钱的毕沙罗对他长期合作的画商杜兰-鲁埃深感失望，加上受到他那竭力想要维系资产阶级身份的太太的影响，毕沙罗将古庇尔公司的这位年轻经纪人视为"彻底破产"前的唯一选择。自从提奥8月购进第一张毕沙罗的画作以来，唠唠叨叨、有时脾气古怪的毕沙罗就成了勒皮克路公寓里的常客。他的画起初卖得不太好，但他仍然设法通过提奥，帮他儿子吕西安在古庇尔公司的版画部谋到了一份工作——在其他的竞争者看来，这无疑是份好差事。

在毕沙罗和他的儿子（也是一位志向远大的艺术家）受惠于提奥的那几年里，其他艺术家来来往往，像彗星一般绕着提奥的新事业旋转。提奥成为莫奈的经纪人之后对"原始"印象派画家的热情高涨，还购进了另外三张画，它们是另一位年事已高、差不多过气的印象派运动奠基人阿尔弗莱德·西斯莱画的。西斯莱1839年紧紧追逐印象派的主题和绘画原理，无视十年间各种各样"新"的诱惑及象征主义的吸引。他那种小心翼翼、色彩丰富的风景画，非常适合提奥谨慎的新业务（文森特后来称西斯莱是"印象派画家中最老练、最敏感的人"）。但是，到1887年底这三幅画都没有卖出去，提奥只能跟这位贫穷的艺术家说再见了。

　　与此同时，文森特却明显在实施由凡·高兄弟指导并支持的、"艺术家的随行"的计划。他介绍别人相识和通信，安排交换作品，对同时代的艺术家们推进他们的事业提出无数建议。他暗示提奥已经准备好一笔固定的资金，每个月都可以支付给一些艺术家——对靠画笔谋生、时富时贫的画家来说不啻是一个天大的好消息。他敦促他们"放下可怜的嫉妒心"，鼓励他们"团结就是力量"，就像他总是这样鼓励弟弟一样。"共同利益当然值得个人的一己之私为之作出牺牲。"他向他们宣讲说。或许是从罗特列克那里借来了一种说法，他试图在新的名义下将分散的艺术家们团结起来："小路"艺术家（为了与德加和莫奈之类成功的印象派画家形成对比，后者早已在位于"大道"上的画廊中拥有一席之地）。这对一个靠标题来吸引人的艺术家来说，倒真是一个醒目的标题：将他的同伴们团结在共同的灵感之下，而不是各自的艺术之下。

　　在参观过画展的人当中，还有另外一个文森特从未碰到过的艺术家。他是个瘦高个儿，被太阳晒得满脸通红，刚从加勒比海度过一个长长的假期回国。这个人就是保罗·高更。

　　文森特情不自禁地陷入这一狂热的情感之中。他把抓住的每一个信念都推向极致，把每一种热情都引向极端。贝尔纳写到文森特的画时说，在他试图把握"生活强度的那种感觉"时，"他拷打着颜料……否定一切智慧，否定对完美或和谐的

·第四章· 追逐太阳——"我看到了光"

追求"。无论是用颜料还是用个人的语言来论证他的观点，无论是在勒皮克路还是在别的艺术家的画室里，文森特都不得不"撕碎自己的衣服，双膝跪在地上"。"当有人从内心开始燃烧，"1887年底他写信给妹妹威廉明娜说，"他就无法克制——因此最好是让他燃烧，否则他会爆炸。只有这样，内心的东西才能释放。"

不管怎样，他在巴黎的现实生活中终于获得的立脚点——他一直在寻求的与提奥的联合、勒皮克路上的友好关系、同伴艺术家们不太情愿的服从、贝尔纳巴结奉承的友谊——只会刺激他越来越起劲地鼓吹自己，越来越强烈地表现自己，文森特仿佛终于找到了一条通往他一直以来都感到被召唤的道路。

但是，突然间，文森特离开了。

5
不得已而离开

没有人知道1888年2月文森特为什么会离开巴黎。真正的原因一直秘而不宣，就像他在这两年经历的许多其他事情一样，隐藏在他们兄弟关系的缄默背后。自他1886年2月来到巴黎，他俩的通信就中断了。当他们恢复通信后，文森特用"有1000个理由"来解释他的突然离开：从最富有诗意的理由（"寻找不同的光线、更明亮的天空"）到最平淡的理由

（"这可怕的冬天，没完没了"）。

有时候，他责备巴黎这座城市：它的寒冷、喧嚣、"该死的污秽的酒"，以及"油腻的牛排"。他说，所有这一切都令巴黎的生活"难以忍受"。他抱怨警察的骚扰（"你无法坐在你想坐的地方"），还有那模糊了事物的真正色彩的烟雾。他还指责巴黎人——"像大海那样变幻不定，信念全无"。他特别不喜欢同伴艺术家的变化无常，他将自己的离开归咎于他们无休无止的空想和无穷无尽的内耗。

当然，艺术家们经常离开巴黎，前往风景如画的远方作画，无论是冬天还是夏天都是如此。科尔蒙远涉非洲，和莫泊桑笔下的"漂亮朋友"乔治·杜洛一样。莫奈1886年秋天在美丽岛度过了一个丰收的季节，到文森特离开巴黎的2月，他早已开始了前往昂蒂布的更远的旅程。贝尔纳每年夏天都离开巴黎去诺曼底或布列塔尼，正如西涅克和毕沙罗一样。安克坦则在地中海沿岸度过了前一年（1886年—1887年）的冬天。高更是他们当中走得最远的，他在1886年夏天就去了布列塔尼，而在来年春天他竟然去了巴拿马，1887年夏秋则到了马提尼克。在文森特离开巴黎的那个月，高更回到了布列塔尼，贝尔纳正计划在4月加入他。

但这一切都与文森特的离去不同。这不是在冬天时髦地赶往阳光明媚的南方度假，就像西涅克或毕沙罗一样，也不是莫奈那样的为期数月前往风景如画的诺曼底或里维拉的外省写

第四章　追逐太阳——"我看到了光"

生,当然更不是高更式的、寻找极端体验和异国情调的全球旅行。与文森特不同,所有这些艺术家都会回到巴黎。不管他们是离开两个月还是半年,他们都会回到他们暂时离开的家庭、工作室和友人之中。

然而,最重要的是他们的兄弟之情越发牢固了。不管怎么说,当他们携手并肩于巴黎的波希米亚世界时,那个夏天使他们的关系更为紧密了。文森特时时为早死的念头所困扰,或者担心会终生孤独,他们紧紧地拥抱污秽的温柔乡,这是前卫派社会生活的标志。

文森特第一次爱上了喝酒:下午喝苦艾酒,晚餐喝红酒,在夜总会自由地喝啤酒。他个人偏爱法国白兰地,随时都喝。他需要这种甜蜜的"麻醉"来治疗冬天必然发作的抑郁症,还辩解说喝酒可以"加快血液循环"——当天气变得异常寒冷的时候,这一点异常重要。

到文森特离开巴黎之前,兄弟俩已经因团聚而狂喜了,而这种情形自津德尔特牧师公馆时期以来,还没有出现过。他们一起欢庆乡愁色彩十足的圣诞仪式,文森特以一幅巨大的自画像迎接新年的到来:这是对凡·高兄弟新生活的一种大胆肯定,用前卫派画家的全副技巧来完成这幅画,色彩充满了玻璃镶嵌画的自信和逼真效果。

文森特形容与提奥在巴黎的最后日子是"令人难忘的",2月19日离开勒皮克路时他的心情不是愤怒或失望,而是悲哀。

前一天，他将一些他喜爱的日本版画挂在公寓里，对贝尔纳说："这样我弟弟就会觉得我仍然与他待在一起。"在去火车站的路上，兄弟俩还去拜访了与他们并不亲近的名人乔治·修拉的画室——这是对他们"共同的事业"的一个确认，即使他们马上要分开了。在分别后的沮丧中，提奥写信给威廉明娜："当文森特两年前来到这里时，我并没有期望我俩会如此惺惺相惜。如今我孤零零一人待在公寓里，四周是绝对的空虚……近来他对我来说真的太重要了。"

第五章
奥维尔——最后的日子

1
新星

两周后,他永远地离开了精神病院。

到底发生了什么?到底什么发生了改变?什么令文森特(和提奥)有信心在经历了两个月残酷、灾难性的疾病发作后,放弃了相当安全的圣保罗修道院,令长期恢复的希望破灭了呢?

文森特像以往那样从漫长的噩梦中醒来:偏执、愤怒、执意离开。"我真的不走运,"他在给提奥的生日祝词中悲叹,"我必须要离开这里。"他重复了之前对工作没有完成(果园的花季已经过了)的抱怨,提议去阿维尼翁或巴黎的精神病院,并重新开始考虑像疾病发作一样反复无常的逃跑计划。"我认为自己不能被关在精神病院里,像犯人一样,他们不会给你自由,"他怨恨地提到了在圣保罗修道院"自愿"的监禁生活,"一个人在这里必须要忍受的事情是难以容忍的。"他责骂提奥,因为后者没有按照之前的约定让他离开,并且提出了一个荒谬的理论——根据"对其他病人的观察",他认为他很年轻,精力充沛,至少在一年内不会发作。

在数天内,这种不再受到疾病折磨的幻想令他重新考虑了提奥早先提出的计划:搬到巴黎外的乡村,与志同道合的艺术

第五章　奥维尔——最后的日子

家一起住，或单独住在毕沙罗推荐的医生保罗·加歇的附近。这个计划曾经被抛弃，不料在3月提奥写信叙述与加歇见面的情景时又重新被提起。"他给人的印象是善解人意，"提奥曾写道，"当我告诉他你的疾病是如何产生的时候，他告诉我，他认为这与疯狂的行为没有任何关系，而且如果真是这样的话，他可以保证让你恢复健康。"文森特直到5月初才读到提奥的这封信，这封信坚定了他想要离开的决心。"我几乎可以肯定，我在北部会恢复得更快，"他写道，将解决困扰的希望放在巴黎北边的小镇奥维尔，加歇就住在那里，"我敢说，我会在北方找到自己的平衡。"他想要在"两周内"离开，他不耐烦地说道："虽然一周内离开的话我会更高兴。"

但是这些话提奥早就听了无数次。他一直关注文森特疾病的起伏变化，并且经历了每次疾病发作后不可避免的紧急呼救。他已多次目睹最强烈的乐观情绪如何变成恐惧，然后是沉默。为了防止文森特提出"释放"的要求，他主张要谨慎并提出要进行各种"测试"，但是文森特都没能通过。由于害怕发生在黄屋子里的事件重演，提奥温和地主张哥哥继续处于"医生的监督下"——这是阻止他仓促离开的另一个手段。为了让文森特至少住在精神病院附近，他试图（却失败了）找到一位愿意在冬季租下一间圣雷米画室的画家。他多次邀请文森特来巴黎，但总是附加了一些条件（一年前，他要求五个月没有发作才可视为恢复健康）。

《加歇医生抽烟斗像》 凡·高 1890年
尽管凡·高一直对版画（etching）非常感兴趣，但这是他唯一的一幅版画，创作于去世前6个星期。

·第五章· 奥维尔——最后的日子

到3月中旬,在收到佩宏骇人的消息后,提奥陷入了长期的沉默。他只能妥协,承认文森特的疾病恶化了,并要求母亲和妹妹也如此。"既然文森特已经备受疾病困扰这么久了,"他在写给她们的信中写道,"要让他恢复健康就更加困难了。"他说,文森特将永远不会回到"真正的自己"了,让他离开精神病院是"不负责任的"行为。

但是到5月上旬,一切都变了。

到5月,文森特的境况不再只是一种"悲伤的状况"——而是家庭的羞耻,最好交给遥远机构中的医生处理,寥寥几封信件的慰藉中也充满了真诚但空洞的鼓励("坚信事情会很快好转。"提奥在3月这样写道)。

到了5月,文森特已经名声大噪了。

奥里耶的文章点燃了导火索。真正的爆发发生在3月,当时一年一度的独立艺术家沙龙在香榭丽舍大道巴黎展览馆的璀璨光芒中开幕。文森特因病无法参加,提奥选择了他的十幅作品,与修拉、劳特累克、西涅克、安克坦、毕沙罗、吉约曼等人的作品一同展出。3月19日,法国总统主持了开幕仪式,在接下来的数周中,巴黎艺术界的所有人都蜂拥穿过展览馆的大门。很多人想看奥里耶笔下饱经磨难的天才。很少有人会带着失望离开。"你的画摆放的位置很好,取得了良好的效果,"提奥写道,文森特直到5月才读到这封信,"很多人来拜访我们,请我们转达对你的问候。"

文森特的作品被称为展览的"明星"——甚至令修拉的新作都黯然失色。收藏家与提奥搭讪,并"在我没有吸引他们注意力的情况下就讨论你的绘画",提奥对此深感惊讶。艺术家们一次又一次地回来拜访他,很多人提出交易的价格。画家在街上拦住提奥,向他的哥哥表示祝贺。"告诉他,他的画非常精彩。"其中一个人说道。另一位艺术家前往提奥的公寓表达了他对文森特所绘图像的"心醉神迷"。"他说要是没有自己的风格,"提奥转达道,"他将改变方向,然后追随你的画法。"甚至印象派领袖莫奈也表示文森特的绘画是"展览中的最佳作品"。

　　评论界一致给予了好评。乔治·勒孔特在《艺术与批评》上称赞文森特的作品"毫不吝啬的厚涂颜料"达到了"极具冲击力的效果",给人以"明艳生动的印象"。在奥里耶的杂志《法兰西信使》上,朱利安·雷克莱为文森特大声喝彩,称他有"无与伦比的表现力",将象征主义炉火纯青地运用到自己的画作中。"他的作品热情洋溢,大自然通过这些画作表现出来,如同在美梦中一般,"雷克莱写道,"或者说在噩梦中。"他强烈推荐读者们亲眼去看看这些"难以置信""美妙无比"的新画:"十幅画,见证一个罕见天才的诞生。"

　　其他评论再天花乱坠,对文森特来说,都没有当初黄屋子同伴的评论来得重要(高更的信件和提奥的汇报一样,都放在佩宏的办公室里,没有被阅读)。"我写信给你,以表达

第五章　奥维尔——最后的日子

我最诚挚的赞美，"高更写道，"参展的画家中，你是最出色的。"他称文森特是"唯一一个思考着的参展者"，并向他的画作致以最崇高的敬意："其中有一些东西，如同德拉克罗瓦的画一样，能让人产生情感共鸣。"高更也要求与文森特交换作品。

赞誉和工作邀约源源不断，文森特第一次真正有钱汇入提奥的账户里（3月提奥把安娜·宝赫为《红色葡萄园》支付的钱款存了起来），但是出现了一个令人尴尬的问题。文森特不能随心所欲地画画了。

各种问题和疑问接踵而至，使得提奥很快屈服了。就在几周前，他还想让文森特顺由天命。"如今他的事业如此成功，真是太可惜了。"4月中旬他在给母亲的信中写道。但是5月10日，距离文森特最近一次"康复"还不到两周，提奥就给他寄去了北上之旅所需的一百五十法郎。文森特声名鹊起。作为一个实用主义者，提奥从哥哥身上看到了商业价值，也清楚地知道对他的隔离阻碍了他的成功。长期休养和无法自由作画给文森特带来了不小的挫折，提奥都能理解。生意虽然不好做（全面的经济衰退让整个艺术品市场都在走下坡路），但如今哥哥终于能自力更生了。

但提奥还是个具有浪漫情怀的人。就在他已最终接受文森特必须被放逐这个残酷的事实时，文森特在独立展上取得的成功，把提奥从宿命论的边缘拉了回来，他开始想象哥哥漫

追太阳的人：凡·高的故事

《圣雷米疗养院的走廊》　凡·高　1889年9月

第五章　奥维尔——最后的日子

长又悲惨的人生终于能有幸福的结局。"我希望你能感觉好一点,"他在一封给文森特的信中写道,怀着单纯的期待,"希望你的悲伤能消失。"

5月的前半个月里,提奥没能保持行事谨慎,而是变得鲁莽冲动起来。他坚持,文森特既然决定离开圣雷米,就要为自己负责(文森特本来觉得北上是提奥的计划),并告诫文森特不要对"北方的生活抱有太多幻想"。他只要求文森特能"遵循"佩宏的意见"行事"——但佩宏认为文森特出院还为时过早,没有提奥的同意他是不会赞成文森特出院的。尽管文森特激烈反对,但提奥要求精神病院派人护送文森特坐火车去巴黎,指出文森特2月独自去阿尔旅行由于无人陪伴而演变成了一场灾难。他们不停地争吵,其中夹杂着否认和幻想、迂回和防卫,最后也没有达成一致。

但是文森特丝毫没有浪费时间。他相信,自己保持"完全平静"的时间并不多(就在大家在为他能否出院争吵时,它已经从一年减少到三四个月了),应该马上投身于绘画中。每次发病后,他的能量都会疯了似的爆发出来,他便开始大胆肆意地作画,好像要将精神错乱期间没能画的画画出来一样。灵感的蓄水池从来都没这么满过。"脑海中的想法太多,我都没法一一画出来,"他写道,"画笔就像上了发条一样。"

他先从花园里画起,早春即将离去,只剩几处提奥中意的"绿意盎然的角落":未经修整的草坪如同漩涡一般,蒲公英铺就的地毯上有多节的树干。虽然他已经打包好行李，希望能尽快离开，但是他在画室里待的时间却越来越久，灵感喷涌而出。他一心只画各种花朵寂静的生命，他从医院花园里采来鸢尾花和玫瑰——它们是春天最晚盛开的花朵。他把这些花插在陶瓷器皿中，用临近终点线般的激情作画——"就像处于狂躁状态之中"。他画了一幅又一幅，表达他内心的冲动和对未来的希望。

他并不根据季节或环境选择作画主题。他前一年春天画的鸢尾花自从1889年第一次在《独立艺术家杂志》的展览上亮相，就大获好评——弟弟提奥尤其喜欢。这些不起眼的小花虽然有些扭曲畸形，但在短暂的生命中也盛开得轰轰烈烈，还有什么能比这样的画法更能体现出他的感激之情——更能表现成功呢？在静谧的山中，他飞快地画画，手腕灵活，毫不吝惜地厚涂颜料。他曾以这样的画法画过阿尔的向日葵——他画得既急促又细心，既深思熟虑，又随心所欲（"对我来说打包比绘画难多了。"他说）。现在他又将圣雷米的鸢尾花幻化成淡紫色的繁星，融合了紫色、紫罗兰色、洋红色和"纯正的普鲁士蓝"。

他画了两次鸢尾花：一次是以阿尔的电光黄为底色，对比非常强烈，如同他在中央高原艳阳下创造出的对比一般；另一次是以静谧的珠光粉色为底色，画面闪闪发光，颜色如宝石一般，形状非常经典，受到了奥里耶的赞赏。他也用相同的手法

第五章　奥维尔——最后的日子

画了玫瑰。第一次，他把玫瑰都插到一个朴素的水壶里，水满得都要溢出来了。白色的花朵上沾染了些许红色和蓝色，背景是起伏的灰橄榄绿；第二次，他画了一大捧繁茂的玫瑰，颜色是最浅的粉色，后面的墙是嫩绿色的——代表新生的颜色，画面太美，美得让人心悸。

到最后，文森特的绘画只剩下一个主题。他已经打包好行李箱，给纪诺一家写了一封告别信，把大部分家具都留在了加雷咖啡馆，一半是为了留个纪念，一半希望以后再回来。但是他留下了很多油画布、颜料和画笔，还安排了人把当时尚未干透的画随后给他运来。这样他只随身携带了几幅已完工的画，准备当礼物送人，再加上一些版画。5月初的时候提奥应他的要求给他寄了几幅画作过来，文森特已经将其中的两幅画成了颜色丰富、意义深远的大油画：一幅是德拉克罗瓦的《好撒玛利亚人》，另一幅是伦勃朗的《拉撒路升天》。文森特最害怕无所事事，他在精神病院的最后几天把最后一幅画作"翻译"成了有色彩的画，其间还时不时和提奥讨论路上的具体安排。他选取的主题既不是救赎意象，如撒玛利亚人；也不是重生意象，如拉撒路。他最后选择的是1882年他自己在海牙创作的一幅平版印刷画。画上一个老人坐在火边，脸埋在手里，满满的都是对生命的哀痛与徒劳，题名是《永恒之门》。八年前文森特也写下过同样的题名，当时他幻想拥有的画室和家庭都化作云烟了。虽然大家断言他将身体健康、前程似锦，他收到

追太阳的人：凡·高的故事

《鸢尾花》 凡·高 1890年
凡·高在圣雷米疗养院画了4幅静物图。本画的背景实际是粉红色，但由于凡·高使用的颜料特性，所以多年后已经褪色。

· 第五章 ·　奥维尔——最后的日子

《玫瑰》　凡·高　1890年
凡·高在圣雷米疗养院画的4幅静物图中的一幅。桌面和花瓣上的粉色和《鸢尾花》的墙面一样,在时间的侵蚀下褪色了。

了很多赞誉，也制订了康复计划，但他始终无法消除恐惧，无法摆脱过去。他评价南方之旅时说："我觉得这就像一次毁灭。"

带着绝望的屈辱感，文森特把令人怜悯的自画像精心画成了一幅大油画，用了很多橙色、蓝色和黄色——这些颜色象征了他在中央高原受挫的事业。"说实话，我是抱憾离开的，"他写信给提奥，"哦，如果我没有得这倒霉的病——那我将会有什么样的成就啊！"

2

黑暗前的黎明

1889年5月16日，医生佩宏说文森特已经被治愈。第二天早晨，文森特乘火车到达巴黎宏伟的里昂车站，提奥在月台上接他，他们已经两年多没见面了，上次见面还是在阿尔的医院里，那时两个人也只是匆匆见了一面而已。他们雇了一辆马车，穿过豪斯曼用明亮的石灰岩堆砌而成的如峡谷一般的市区，来到提奥的新公寓——皮加勒区8号。一个女人在窗边向他们挥手，那是提奥的新婚妻子乔·邦格。乔到门口迎接他们，那是文森特和乔第一次见面。后来乔写道："我原以为他会一脸病态，但眼前的文森特体格强健，肩膀宽阔，脸色健康，面带微笑，看起来非常结实。"

·第五章·　　奥维尔——最后的日子

《永恒之门》　凡·高　1882年
凡·高在1882年11月创作了6幅平版印刷画,他尤为钟爱这一幅,1890年时将其重新绘制成油画,彼时他正在圣雷米疗养院。

进门后，房间里的布置勾起了文森特的回忆，过去的点滴像幽灵一样袭来：餐厅里挂着他在纽南创作的《吃土豆的人》，起居室里是克劳的风景画和在阿尔画的《星夜》。卧室里，一棵中央高原的果树在提奥和乔的床头开枝散叶，一小棵盎然绽放的梨树俯瞰着饰有蕾丝边的摇篮，摇篮里睡着文森特三个半月大的侄子。乔回忆说，兄弟俩凝视着摇篮里的孩子，默默不语，直到泪如泉涌。

在接下来的两天里，文森特忙于参观各种画廊：小到日本绘画展，大到战神广场大厅的春季沙龙展。文森特已经太长时间没有看到自己画作以外的作品了，他被皮埃尔·德·夏凡纳巨大的壁画《艺术与自然之间》吸引，夏凡纳将"原始的"古风与现代的简洁性完美结合，令文森特震撼不已。文森特欣喜若狂地写道："这幅画看久了，仿佛能看到一切你所坚信的事物、希望出现的事物重获新生，这种新生是彻底的，但也是仁慈的。"

不仅公寓的墙壁上挂满了文森特的画作，壁橱和抽屉里也塞满了他的画——这些都是文森特寄给提奥的，有时甚至颜料还未干就寄了出去。乔写道："备用小房间的床下、沙发下、壁橱下，到处都是一摞摞没有裱起来的油画，这对我们家庭主妇来说简直让人绝望。"乔回忆说，文森特把画卷拖出来，放在地板上，在灯光下"聚精会神地"研究。他去了唐吉的储藏室，查看一堆堆他熟悉的积满灰尘的画像，还前去参观了其他

·第五章· 奥维尔——最后的日子

《削土豆的人》 凡·高 1885年
1885年时,凡·高研究了一系列农民形象,本幅作品是其中的一幅。这一系列的作品一反大众现在对凡·高作品的印象,用色昏暗,笔触粗糙。

《艺术与自然之间》（局部）皮埃尔·德·夏凡纳
皮埃尔·德·夏凡纳壁画的缩小版油画。

第五章　奥维尔——最后的日子

画家的画廊。

文森特来的时候承诺只是短暂停留,但心里希望能在这里待得久一点。为了不让提奥太担心他在发作时缺乏医务人员的照料,文森特刚到巴黎时就提出要"尽早"赶去奥维尔,他甚至把行李都存放在了车站。但他心里盘算着要在巴黎待"两周",这样至少能有足够的时间与他亲爱的弟弟和仅从照片上见过的这一家人团聚。他在两周前写信给提奥说:"让我感到慰藉的是我非常非常想要再见到你,见一见你的妻子和孩子……因为我真的从未停止过想念他们。"

从他背来的东西中就可以看出他的渴望:画架、画布、油画框、颜料和画笔。他打算把这些装备搬到街上去——从"抵达巴黎后的第一天"开始勾画巴黎"真正现代的事物",这些事物是他在此次出院期间所感受到的,一直挥之不去。他说:"是的,有一个方法可以看到巴黎的美。"他可能还会给乔画一张肖像画。他坚持认为,除了"和你待在一起",没有什么对他更有好处,没有什么能更好地保护他,让他不陷入外界的危险。

但5月20日——就在到达巴黎后的第四天,文森特突然收拾行李回到了车站。他登上了北行的火车,除了他背来的行李外,还带上了几幅他在圣雷米创作的作品。他的颜料箱从未打开过。大概一个小时后,他到达了奥维尔。火车离开后,文森特又变成了孤身一人。在巴黎的数日如同酒后狂欢,又犹如一个美梦：数月以来的渴望换来了数小时的相聚。文森特忽然感到孤独，他写信给提奥："希望一段长久离别后再次见到我时，你不要不高兴。"

如从前一样，文森特将匆匆离开巴黎的原因归罪于巴黎这座城市。"我很强烈地感觉到那里的噪音不适合我，"他在到达奥维尔后说，"巴黎对我产生了不利的影响，为了让我的头脑清醒，我必须到乡下去。"但是他在巴黎是否受到了欢迎，现在已经无人知晓，而他到巴黎的意图也众说纷纭。他曾恳求提奥，"坚持"要求奥里耶不要再写关于他的画作的文章。他在离开精神病院的前夜写道："我悲痛不已，无法面对公众。作画让我分心，但如果听到有人谈论我的画作，那给我带来的痛苦远超他的想象。"他原本计划在巴黎约见高更和贝尔纳，得知这两位虽然身在巴黎却都不愿意见他后，他非常失望。

提奥热切地去接他，甚至泪流满面，数年的辛劳和病痛给提奥的身体造成了很坏的影响，文森特看到的提奥面庞消瘦，面色苍白，还不停地咳嗽。（后来乔也承认，当文森特和提奥站在一起时，她大为吃惊，因为她发现文森特比提奥看起来健康很多。）但文森特在巴黎短暂停留期间，提奥大部分时间都在古庇尔画廊工作，当时画廊的夹层在举办拉法埃利画展，提奥满脑子都在想如何重新争取到莫奈这位画家。

然而，时间不足以抹掉过去的污点。文森特感到在弟弟的工作场所不受欢迎，他没有参观拉法埃利的画展，也没有看

第五章　奥维尔——最后的日子

到高更在布列塔尼创作的新画。提奥在巴黎的新生活似乎都在责骂或是驱逐他：从提奥孱弱的身体，到床下和储藏室中一堆堆尚未卖出的画；从具有鲜明资产阶级特点的皮加勒区公寓（"这个公寓的确比之前的那个好很多。"文森特承认），到乔坚持说的荷兰语。就连从孩子的哭闹声中，文森特也听出了他的家人对他的评判。"对于我的疾病，我已经无能为力。"他逃到奥维尔后愧疚地写道：

> 我并不是说我的画很好，但我已经作出了最大的努力。对我来说，处理人际关系是次要的，因为我没有这个天赋。我无能为力。

当文森特从巴黎四天的梦中醒来，一切都变了，但一切又未曾变化。他可以自己一人在奥维尔大街上散步，但周围全都是陌生人，大家还是用怀疑的目光看着他。他可以买想吃的食物，住想住的旅店，但提奥仍然要为他支付账单。在他到达奥维尔的当天，他已身无分文，他写信给提奥："周末给我寄些钱来。我身上的钱只能支撑到那个时候了。"他离开巴黎时太过匆忙，没来得及和他的弟弟商量新的"条款"，因此他的第一封信就让他重新面对了依赖他人的折磨。他不得不在信中问道："还是和从前一样，每个月一百五十法郎，分三次付给我吗？"

在奥维尔，文森特终于找到了一个懂画家的医生。保罗·加歇从医四十年，已经习惯了前卫派艺术家的生理和心理病痛，莫奈、雷诺阿、塞尚，以及文森特的同伴毕沙罗和吉约曼等都接受过他的医治。但文森特到达奥维尔当天见到加歇时，他发现这个六十多岁的医生像眼科医生佩宏一样心不在焉。加歇一头金发，被一屋子猫猫狗狗包围着，院子里鸡鸭成群，一见到文森特便向他抱怨医疗行业和激励疗法（"他说我必须继续工作"）。他还对文森特说，如果文森特感到抑郁或"有什么事情让我无法忍受"，他会给文森特提供神秘的"刺激疗法"。在提奥看来，文森特对加歇能提供任何有意义的治疗不抱希望——但文森特最初是抱着能从加歇这里得到治疗的希望来的。"我们绝对不能指望加歇医生了，"文森特写道，"首先，我觉得他比我病得还重……当一个盲人引导另一个盲人时，他们俩肯定会一起掉进沟里。"

在奥维尔，文森特可以随意认识朋友，他已经好几年没有这样了——四处逛逛，重新开始，不像在阿尔时那样到处都有可怕的谣言跟随他。直线距离仅二十英里（约三十二公里）外就是巴黎，农舍林立的街道上满是忙忙碌碌的外地人——退休老人、度假的游客，甚至还有周末到这里玩儿的人，这些人完全不知道将文森特驱逐到乡下的谣言和偏见。（夏季，奥维尔的人口会从2000人激增到3000人。）但文森特是带着被驱逐的心情来到这里的。尽管景色优美（"这里充满色彩。"他如是

第五章　奥维尔——最后的日子

描写这个风景如画的河畔小镇），他却计划把自己关在旅店房间里，重新勾勒巴尔格的《练习》。

文森特有用不完的笔和纸，他可以写信给任何人，但他的思绪徘徊不前，始终动不了笔。很多次，他提起笔开始写信，但写好的草稿都没有寄出去。在创作上，自由也使他下不了决心。他模糊地表达说想要多画一些作品来"解释"他之前的旧画，或许"画一些肖像画"。"有些画在我看来表达得太模糊了，我需要花时间表达得更清晰一些，但要一点一点来。"他无精打采地说。

在奥维尔，他终于可以透过不设栅栏的窗户看夜空了，但星星还是让他感到孤独，让他想起远方亲爱的人。文森特独自坐在空荡荡的旅店房间里（他的行李箱还没有寄到），没有人陪伴，甚至没有人注意到他，他的思绪又无可避免地回到巴黎那一家人身上。他在到达奥维尔后不久写道："我常常会想起我的小侄子。"

"他好吗？我很关心我的小侄子，担心他的身体。你们以我的名字给他命名，我希望他的性格不要像我这样安静，我太沉默寡言了。"

怀着这样的坦白和忏悔，文森特开始了人生中最后一次尝试。虽然在巴黎的时间不长，仅仅只是匆匆见了弟媳和侄子，但让文森特产生了一种强烈的渴望，这种渴望超越了一切。在奥维尔狭小的旅店房间里，孤独的文森特怀着渴望盘算着他的大计划——最后一个"白日梦"。他要把提奥一家接到奥维尔来，让他们成为他的家人。

他在离开巴黎时就有了这个想法，甚至可能在此之前就有了。他在荒芜的德伦特时曾大声说出这个团圆的愿望，当时他要求提奥——和他的情人——"和我"一起搬到荒野的农舍里，组成"画家家庭"。1887年，当提奥第一次向乔·邦格求婚时，文森特也曾因此备感欣慰，他幻想他们三个人可以一起住在"乡村小屋"里，有孩子和自己的画陪伴他们。也是为了同样的愿望，他曾经用语言和图画向提奥提出，在南方的黄屋子安家，这样他们就可以一起在那里培养下一代印象派画家了。

但这一次，这个家是真实的，而不是想象中的。就在几天前，文森特还把这个孩子抱在怀中，而这个孩子还是以他的名字命名的。

文森特刚到奥维尔的那几天非常孤独，这个一厢情愿的梦想变成了执念。当他在5月24日写信给提奥和乔第一次提到这件事时，他并不是在恳求，而是在控诉。他在信中责备他的弟媳："我感觉，虽然现在孩子还不到六个月，但你的奶水已经不多了。这说明你——和提奥一样——太累了……这太让人担忧了，这和在荆棘中播种没有什么区别。"他责备这对年轻的父母，说在城市里他们三个人"生活局促并且疲惫不堪"，这样对孩子不够尽责。如果他们继续这样不顾后果地生活下去，

第五章　奥维尔——最后的日子

文森特警告他们："在我看来,这孩子肯定会因为在城市里长大而备受痛苦。"总之,他们可能会让儿子的一生充满"痛苦"和"毁灭"——就和他的伯伯一样。

这封信文森特从未寄出。无疑,他觉得这封信用词太尖锐,太诚实,于是他把信放在了一旁,起草了另一封读起来不那么尖锐的邀请函:"常常,我常常想起你的小儿子,然后我就开始幻想他快快长大到乡下来。因为这里是最适合他成长的地方。"但在接下来几周的书信中,这种偏执并没有减弱。"奥维尔真的非常漂亮,"他写道,"真的非常非常美丽……绝对很美。"他称其为"真正的乡村,独具特色,风景如画……离巴黎很远,是真正的乡村……富饶的乡村,空气清新"。他把奥维尔比作皮埃尔壁画中安静、古典、一尘不染的伊甸园,有些类似荷兰的花园,不是左拉尚未开发的乐园——"没有工厂,只有一片片保存完好的绿地。"

他向乔保证,这里能够让她远离城市污浊的空气和嘈杂的噪音,减轻她丈夫的工作压力,让他们获取更多"真正的营养",有利于所有人——尤其是孩子——的健康。他写道:"我坚信,如果乔来这里,她的奶水会是现在的两倍。"文森特一次次地提醒乔她作为母亲对宝宝的责任。"乔,我经常想起你,还有孩子,我发现在这个空气清新的地方长大的孩子看起来非常结实。"他对在城市里抚养孩子的"可怕难题"表示同情:"要在巴黎的四楼保证孩子的安全和健康,真不容

《奥威尔的绿色麦田》 凡·高 1890年

第五章　奥维尔——最后的日子

易。"他曾听到过侄子大声哭个不停,也看到过乔对孩子的大哭表示不满,说这孩子"是个急性子":他"哭起来就像有人在杀他一样"。文森特坚持说,孩子需要的是乡下的空气和更好的奶水,有动物和鲜花陪他玩耍,"还需要乡村里其他小朋友的陪伴"。

对于提奥,文森特就不需要向他介绍奥维尔了。这座塞纳河支流瓦兹河河畔的中世纪小镇早在19世纪50年代就令法国人神往,当时查尔斯·多比尼在河畔停下他的船舶画室,开始记录这座小镇最原始的魅力。坐落在河流与平原之间,奥维尔坐拥肥沃的土壤和鱼虾富饶的瓦兹河,这座小镇如同葡萄藤一样沿河攀爬,并没有向周围的平原扩张。

奥维尔只有几条街宽,数英里长,两侧是小茅屋和有围墙的农场,葡萄园和花园市集随处可见,这里是明信片最理想的取景地,曾在怀旧之情盛行时被一次次绘入画中,但随之而来的也有工业对美景的掠夺。铁路开通后,这种狂热带来了成群结队的巴黎人,他们来这里寻找过去的痕迹。柯罗、塞尚和毕沙罗追随多比尼的脚步,来到这里捕捉小镇淳朴的乡村风景,打开自己画作的销路,而提奥这样的经纪人也在那时卖掉了大批描绘农舍、乡村小路和乡民的画作,这些画作大肆宣传乡村生活的复原力量。

但文森特给提奥的承诺更加具体。与加歇医生的第一次碰面让他备受打击,他甚至对加歇有些不屑。但他对家庭的新幻想改变了这一切,因为现在这个古怪的医生能帮他说服提奥到奥维尔来。有什么能够比一位声名大噪、富有同情心、细心(而且有钱)的医生更能吸引病弱的弟弟呢?于是,文森特赶紧把他对加歇不满的书信("一个盲人引导另一个盲人")收了起来,开始描述他和加歇之间的友情。"他对我表现出极大的同情,"文森特写道,"我可以随时到他家去。"的确,文森特觉得这个奇特的医生有点像自己的弟弟。"加歇跟你和我非常非常像,"他一边写一边回想以前的兄弟情义,"我感觉他非常懂我们,他会不遗余力地帮助你和我,就是因为热爱艺术,全都是为了艺术。"

为了向弟弟证实这个诱人的愿景,文森特带着自己的画架来到加歇在山脚下的大房子,在养着鸡和鸭子的小花园中开始为加歇作画,现在这个陌生的男人已经不仅是文森特抵挡风暴的壁垒,还是他组建家庭的最好支撑。文森特为思考中的加歇画了一幅画:坐在桌边,一只手撑着头,头偏向一侧,好像是在晚宴上倾听邻座的声音。他小心谨慎的态度、线条柔和的脸庞、大大的蓝眼睛和好像在思考什么的神情,让人非常愿意相信他,无论是他的身体还是他的灵魂。

文森特通常每天清晨五点就开始工作,往往留下一堆尚未完成或粗略起草的画作和书信,他为整个村庄的上上下下作画,画了无数幅古雅的小茅屋,这种茅屋在当时几乎已经消失了,但却代表着那个更加简单、稳定的时代。他为奥维尔的乡

第五章　奥维尔——最后的日子

村和村庄作画。奥维尔地形狭长，因此没有真正的中心；两条主街上房屋与葡萄园、花园交错排列。到处都可以看到大自然。他所画的每一座房子都有自己的花园，周围绿树成荫——房门外不远处就是休闲放松的好去处。

在奥维尔，就连文森特嗤之以鼻的资产阶级的新式别墅都好像被大自然施了魔法一样，变成了"美丽的乡间小屋"。他也为这些别墅作画：房屋庄严大方，看起来中规中矩，窗子敞开通风——这些都是富裕的巴黎人建造、购买或出租的房屋，非常适合杰出的画商和他的家人居住。文森特描绘了奥维尔的每一条街道和背后崎岖的小路，好像是在带着他的弟弟参观一样。他还画了街边肉店旁的栗子树、当地名人的宅邸和曲折蜿蜒到河边的人行道（道路两边绿树成荫，有开满鲜花的小树、灌木丛和野花丛）。

他走到河流的上游，向提奥展示蜿蜒的瓦兹河和河上通铁路的大桥，通过这座大桥就可以轻松到达巴黎了。在这里，他只要一转身就能看到法兰西岛肥沃的平原。从河岸向平原过渡的景色非常壮观：从这里望过去，满眼看到的是郁郁葱葱的溪谷，连绵不断的庄稼、犁沟、耕地和田园。文森特画出了壮观的景色，他在一幅幅画中所承诺的一切都是要与提奥分享的。

不可思议的地方就会有与众不同的居民，文森特也把这里的居民绘入画中：他们或撑着阳伞或戴着草帽，沿着林荫小路散步，徜徉在绿草如茵的小径和安静无车的街道上，几乎都是女人，或是女孩，两两一对，靠在一起聊天——向被困在巴黎的荷兰女孩乔承诺，在这里不用担心无人陪伴。在文森特的印象中，奥维尔如同梦幻仙境一般，在这里没有人需要工作。人们会到小花园或是葡萄园区，但从来看不到他们弯下腰、蹲下身或拿着工具干活。在这里，没有繁重的农活，只有美丽的田园，即便是最忙的收获季节，也是如此。

  文森特还画了一个坐在成熟麦田中的当地女孩。画中她只是安静地坐在那里，身上穿着波尔卡圆点裙，腰间系着干净的围裙，草帽上的丝带打着蝴蝶结。女孩的脸颊绯红，胸部饱满，说明她不需要辛苦劳作，而且在这里生活得很健康，有营养丰富的牛奶喝。文森特还画了很多小孩子：胖乎乎的孩子们一脸笑容，在大自然中玩耍，身体健康，逗趣好笑。他还画了一个精力旺盛的年轻小伙子：头发颜色和提奥的一样，嘴上潇洒地叼着一枝矢车菊，这是血气方刚、富有活力的青年的标志。

  不过，就像文森特之前对团圆的幻想一样，他对奥维尔的描绘更多的是在表达过去而不是未来。他画中瓦兹河流域的小茅屋并不太像他在村落中看到的房子，反而更像他春天在圣雷米因怀旧而画的故事书中的卡通形象——"记忆中的北方"。那时，他打算重画过去暗色系的肖像画，甚至包括《吃土豆的人》，用南方的色彩将它们改画成新时代的肖像画。在奥维尔，他对画作进行了修改，履行了自己的诺言。他在一幅幅油

第五章　奥维尔——最后的日子

画中添上熟悉的乡村生活场景——让人想起了布拉班特，用新艺术的颜色和形式绘画：莫奈明亮的深红色田园、雷诺阿欢快的河边和皮埃尔甜蜜的家园。他发现了一座现代别墅，看起来很像纽南的牧师公馆，便把它画了下来，又为它添上了中央高原的星空——就像他打算画黄屋子时那样。

为了履行4月向提奥作出的承诺，文森特带着画架来到能俯瞰奥维尔小镇的哥特式教堂，开始重画最难的作品：纽南肃穆的教堂，他的父亲就在那里安息。文森特改用了更大的油画布，把从前暗灰色的石头教堂改画成了色彩绚丽的玻璃宫殿。在开着零星野花的草地上矗立着一座老教堂，教堂的墙壁具有明显的12世纪的特点，周围还有很多紫罗兰和赭石。教堂忙碌的耳堂、半圆形的后殿和塔楼与"简单的深蓝色"天空形成鲜明对比。明亮的橙色屋顶让老教堂看起来充满生机。下方"映着粉色阳光"的沙石小路环绕整座教堂。

画好后，文森特立刻对他回忆过去和感化弟弟的所有努力作出了成功的宣言。"这和我在纽南为老塔楼和墓地所画的作品一样，"他写道，"只不过现在的颜色更加具有表现力、更奢华。"

提奥听到也看到了哥哥的请求。但与之前一样，文森特的要求太多了。他在离开巴黎后的第一天还只是理智而简单地说："你要是能在周日和你的家人一起来我这里坐坐就太好了。"但很快，他的期望就升级了，变成"在乡下待上一个

《瓶中花束》 凡·高 1890年

· 第五章 · 奥维尔——最后的日子

《奥维尔的教堂》摄影作品 Édouard Baldus 1855年

月"。然后，他又要提奥在三周的例行休假时不要去荷兰过夏天，改来奥维尔。他承认他们的母亲可能会看不到小文森特，但是"她能够理解，这样做都是为了孩子好"。最后，他又幻想"永远在一起生活"。和以前一样，提奥回避了哥哥疯狂的计划，但也从不会完全回绝他。提奥直到6月才给文森特回信，但也只是模糊地回复了文森特提出的来奥维尔待几周的邀请。他写道："有时间我会去的，听到你说邀请乔和小文森特去做客，我非常高兴。"他在考虑有没有可能把很久之后的夏季假期分成两部分（在去荷兰前先在奥维尔作短暂停留），但其实他什么也没有承诺。

不久后，提奥突然提出要去看文森特。虽然文森特作出了很大的努力，但最后是加歇在参观巴黎艺术馆时很随意地邀请提奥来奥维尔，才使这件本不可能的事情成为可能。"他告诉我，你已经完全康复了，"提奥描述与加歇的短暂会面，"而且他觉得不会复发。"尽管提奥接受了邀请，但他在约定日期前仍没有作出"绝对承诺"，而且如果不是因为那天天气晴朗，他是不会去的。

6月8日是一个周日，阳光明媚，文森特和弟弟一家在奥维尔的伊甸园里度过了一个美妙的下午。文森特到火车站迎接他们，手里拿着一个鸟巢，送给四个月大、和他同名的小侄子。他们在加歇家的露台上共用午餐，从那里可以俯瞰瓦兹河。文森特坚持要抱着他的小侄子到院子里去，让他亲密接触长满羽

第五章　奥维尔——最后的日子

毛的朋友，"向他介绍动物世界"（乔回忆道）。公鸡、母鸡和鸭子在他面前走来走去，显得非常慌张，也吓到了孩子。文森特模仿公鸡打鸣——"喔喔喔"——试图安抚小侄子，却让孩子哭得更厉害了。他带着弟弟一家四处逛，向他们介绍他常在油画和信件中向他们展示的世外桃源。然后他们把婴儿车放上火车就离开了。

毫无疑问，提奥希望这次短暂的拜访能够平息哥哥强烈的渴望，却恰恰起了反作用。这次拜访让文森特更大胆地幻想他的新家，一家人永远居住在宁静的瓦兹河畔。文森特在弟弟一家离开之后写道："周日给我留下了美好的回忆，你们必须赶紧回来。"他立刻幻想弟弟一家会接连不断地来拜访他，因为"我们现在住得更近了"。他甚至大胆地用语言表达自己最美好的愿望："我非常希望你们俩能够和我一起在乡下买个小公寓住。"

和在德伦特时一样，文森特用尽一切办法，让他的梦想成真。

为了不让提奥担心他会随时复发，他逮到机会就向弟弟表示自己非常健康。由于加歇健忘且总是对文森特的病情持乐观态度，文森特感觉在这里的前两年过得非常轻松，直到他最终从噩梦中惊醒。他写信给医生佩宏，似乎是要解雇他（"我永远不会忘记他的"），然后又告诉母亲和妹妹自己已经康复了。妹妹伊丽莎白写信给提奥说："我好开心，文森特的精神又恢复正常了，可以更自然地享受生活了。"

在所有正常人中，给提奥留下最深印象的是加歇。提奥有些嫉妒地写道："我希望你们俩能成为好朋友，我非常希望和医生做朋友。"作为回应，文森特更加高调地汇报他与这位医生朋友的关系。他写道："加歇是我真正的朋友，就像另一个兄弟一样，我们在身体和心理上都有很多相似之处。"

加歇的房子有一切美妙的东西，这里不仅舒适，还能让文森特小住，甚至还有懂艺术的人陪伴——这里有城市里的一切高档设施，当然还有令人赞叹不已的河滨美景。古斯塔夫·拉乌的家则完全不同，代表了理想的田园生活。由于价钱比较便宜，文森特从镇公所附近搬到了拉乌旅店。在他对这一绝佳的隐居地的描述中，拉乌一家——最近从市里搬来的避难者——证明了"乡村空气的影响很大"。"住在旅店里的人以前都住在巴黎，他们身体一直都不好，无论是父母还是孩子，"他指的就是提奥，"但在这里，他们没有任何问题。"

文森特特意强调：拉乌襁褓中的小儿子"在两个月大时来到这里，当时他的妈妈没有足够的奶水，但来到这里之后一切都好了"。为了进一步说明他的观点，文森特还画了两幅肖像画：一幅是拉乌13岁大的女儿艾德琳——绯红的脸颊，梳着马尾辫，背景用能调出的最深邃、最静谧的蓝色来表现；另一幅是她的妹妹杰曼，一个有着淡黄色头发的两岁小女孩，手里拿着一个新鲜的橘子。最后，文森特说："如果你带着乔和儿子

·第五章· 奥维尔——最后的日子

来这里，在这个旅店生活是最好不过的了。"

文森特画室中越来越多的肖像画也宣告着他想重获商业成功的雄心——没有这些肖像画，世外桃源就是不完整的。他在6月初时写道："要想找到肖像画的客户，就必须能画出一些与之前的画作不一样的作品。我认为这是打开销路的唯一途径。"在接下来的一个月中，尽管文森特一直在为展示乡间乌托邦作准备，但他也发出了向商业进军的信号——画花朵（一直都是好卖的题材），计划在巴黎举办咖啡馆展览，写推销广告给评论家，幻想向新媒介（比如海报和出版物）进军，商谈复杂的作品交换细节（交换其他画家的作品以及相应的服务）。他始终没有放下自安特卫普时就有的想法：他可以靠画他最喜爱的画——肖像画——赚钱。

这样的想法让他不得不回想起保罗·高更，他在中央高原时的漂亮朋友，当时他希望高更能带来"肖像画的伟大变革"。全世界都见证目睹了文森特的画作自1月起发生的变化，其中高更尤为看好《阿尔的女人》——文森特根据高更所画的纪诺夫人画成的肖像画。文森特仍然相信自己在商业方面的成就与高更和他们一起创作的"南方"肖像画有关，因此文森特主动联系他的这位老室友，毕恭毕敬地赞扬他（"亲爱的管家"），表达了依恋之情（"自我回来后每天都会想到你"），急切地恳请缓和双方的关系。他甚至提出到布列塔尼与高更同住，他严肃地承诺在那里，"我们要试着做些比较严肃的事情，要有目的性，比如，我们继续之前的工作"——之前，指的是在阿尔。

文森特在白天做白日梦，晚上就不停地抽烟，一直在思考肖像画和模特的问题，回忆起黄屋子，他就忍不住再次想找一个画室。拉乌已经同意让他使用小旅店后厅外的一个小房间，这样他就不用搬着细长的画具爬到楼上去了。他们甚至还在马厩里给他腾出一块地方，让他风干油画。但是，直到6月初提奥和他的家人来看文森特时，文森特还在说要在村里租个房子。

到6月中旬，就在提奥拜访他后不久，他就找到了一处房子（一年400法郎），并开始了漫长的游说："我每天花1法郎睡觉，一年就是365法郎，但如果我有自己的家具，400法郎相比365法郎并不算贵。这就是我要找房子的原因。"在游说的过程中，他已经不止希望拥有画室了，还希望拥有家庭和家人。他希望能够找到一处房子作画室，同时可以与家人一起住在里面。他立刻开始想怎样装修这个画室和家——这是他离开施恩韦格后的第一个家——并通过想象把它画了出来。

但即便是最大的画布也无法同时画出这两个梦想。他需要一种新的、更大的画布，才能画下他新的、比生命还重要的家和家人。这几年来，他见过很多大的全景画，但与皮埃尔·德·夏凡纳在巴黎沙龙展出的壁画《艺术与自然之间》相比都相形见绌。为了达到同样的效果——拥有并超越那样的画作，文森特开始在3.5英尺长、0.5英尺宽的画布上作画：这是他

· 第五章 ·　　奥维尔——最后的日子

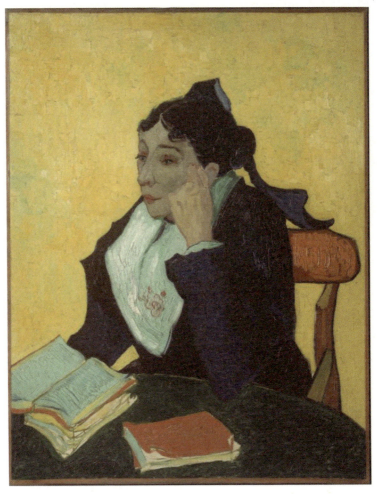

《阿尔的女人》　凡·高　1888年
凡·高所绘的咖啡店女老板纪诺夫人。在画中，她身穿阿尔地区的民族服饰。1888年，凡·高曾在信中说只花了一个小时便完成了这幅作品

能在画架上完成的最大的尺寸了。

在如此巨大的画布和其他画布上，文森特在奥维尔发出了最后的、最热情的邀请。

没有什么场景能像瓦兹河外沿的田园那样适合这种新的绘画方式了。提奥和乔都非常赞赏文森特在阿尔所画的克劳美景——他们非常喜欢这幅画，把它挂在了巴黎公寓的起居室里。还有什么能比成熟的黄色麦子及绿色土豆秧中的整齐田地、草堆和刚翻好土的犁沟更适合放入全景图中的呢？文森特在画布上填满了花朵（主要是罂粟），用色充满激情，下笔轻松自如，就像洪水下泄一般。他用粗画笔在画布上方勾勒出一道窄窄的晴空。

然后，他把广角转向森林地面。他所画的并不是野花丛生、灌木尚未修剪的森林的原始模样，而是排列整齐的白杨树——可能是当地比较整齐的一种树木。他把目光集中在下方如地毯一般的野花上：在这片丛林里，"绿地上有着粉色、黄色、白色的小花和各种各样的植被"。金色的阳光透过层层叠叠的树叶洒在这个画面上，但却看不见。画中只能看到树木的枝干——一排排的紫罗兰色向森林深处蔓延，消失在黑暗的森林中。在这片有人培育的、如同舞台布景一样井井有条的小树林中，文森特画了一对夫妻在林中亲密地散步。在瓦兹河畔与大自然亲密地交流的美好前景等着提奥和乔。

文森特在另一张画布上画了他们从外面回到家的场景。泥

·第五章· 奥维尔——最后的日子

泞的小路蜿蜒伸向一座乡村小屋，房子隐藏在树林中，坐落在花园般的峡谷和绿色的麦地之间。房子后面，夕阳将天空映得如梦如幻。夕阳照在附近的一对梨树上，显出深蓝色的阴影，呈现出一派风景如画的景象，这种绝美的景色总会让提奥多洛斯·凡·高和安娜·凡·高在津德尔特周围散步时驻足静静欣赏一番。远处，文森特画了奥维尔最著名的城堡，它坐落在丛林中。但在文森特的梦中，这座城堡——修建了两百余年的巨大的建筑物，带有花园和露台——被缩小成一个用勿忘我的蓝色来表现的侧影：水平线上的小屋坐落在旅途的尽头，既有资产阶级宅邸的舒适，又有乡村小屋的朴实，美好的生活正在向弟弟招手。

文森特在奥维尔承诺，这里"富饶的乡村"和"可爱的绿地"，"就像皮埃尔·德·夏凡纳的画一样安静"，文森特的这幅画向提奥发出了有深意的信号。多比尼的最后几年不仅是在妻子和孩子的陪伴下度过的，还有他的好友画家奥诺雷·杜米埃尔。杜米埃尔是油画家，也是不朽的漫画家，老年时失明。他们一起坐在爬满藤条的凉棚下的花园桌子旁，多比尼的房子充满了艺术气息和笑声。在这个梦中，他们三个人都活到了生命的尽头——丈夫、妻子和友爱的同事，于文森特而言这代表了家庭与画室、亲情与兄弟情义。文森特幻想提奥和乔能一起来瓦兹河畔的伊甸园，他们三个人还有孩子能这样生活。

这是一个美丽的、引人入胜的愿景——是要用油画和语言描述的。但文森特在奥维尔的真实生活一点也不田园。他5月来到这里，为了不充分的理由坚持下来：害怕疾病可能会再次发作，因从提奥的新家要钱而心怀愧疚，担忧巴黎成堆的画作卖不出去。他把所有的失望情绪都写在信里，但又因为内容太过悲凉始终不敢寄出去："我远达不到平静的心态……我感到很失败……我承受得太多了，这一切不会改变……前面的路越来越黑暗，我一点快乐也看不到。"

过去并不会留在过去。就连从阿尔搬回家具都是对记忆的折磨。尽管文森特多次请求，提出自己支付运费，并威胁说耽误的话后果会很严重。纪诺一家仍然用可笑的故事来搪塞（纪诺先生被一头牛撞了），表现得非常漠然（"他一直这么懒。"文森特嘟囔道）。

高更也不会让他忘记。他拒绝了文森特，没有让文森特去布列塔尼，认为那是"不现实的"，因为他的画室"距离镇中心太远了，而且对于一个患有疾病、有时还需要看医生的人来说，这太冒险了"。另外，高更又开始关注异国他乡了——这次是马达加斯加（"原始人就该回归野外。"他解释说）。贝尔纳打算陪他去。文森特曾想过自己可以加入他们（"因为你们必须有一两个同伴"），但很快在现实面前投降了。他写信给提奥说："显然，油画的未来在热带地区，但我不认为你、高更还有我属于那个未来。"

他自身的情况也让他作出了这个让步。他说，他年纪太

·第五章· 奥维尔——最后的日子

《凡·高在阿尔的卧室》 凡·高 1888年

大了,不仅不能去马达加斯加,连妻子和孩子都不能有了。他承认:"我年纪太大了,没有办法走过去的老路,也不能有其他的欲望了,至少我感觉是这样的。虽然那种欲望离我而去,但它给我留下了精神上的折磨。"他越来越多地抱怨自己时间有限,工作受限,精力有限,常常为了精神和生活的不安而烦恼。他常常幻想如果重新活十年,会有什么不同——他的整个艺术生涯会有什么不同。"现在我知道我的能力了。"他为自己野心的消失而悲伤,也为自己的男子气概而悲伤,他曾经像比他年龄大一倍的人那样为"现代生活的匆匆流逝"而大哭。他看着镜子,看到的是"忧郁的表情",他称之为"我们这个时代心碎的表情",并把它比作伊甸园中基督的脸。

6月,他的母亲给他带来了一个来自过去的打击。她刚从纽南回来,因为丈夫五周年的忌日,她去纽南祭拜。她的纽南之行给文森特带来的消息是毁灭性的("我满怀感激地又看了一遍所有的东西,那些东西曾经都是属于我的"),让文森特充满内疚和自责。文森特写信安慰她,他用了《圣经》中的一个章节,《哥林多前书》中提到的只要坚守最终的目的,所有负担都可以承受,这段话更适用于他自己难言的感觉和难以逆转的命运。他写道:"穿过黑暗的玻璃,一切犹在镜中;生命,就是离别、逝去和不断动荡——除此之外,我们不知道生命的其他含义。"他说:"对我来说,生命会继续孤独。除了穿过黑暗的玻璃,我从未感觉我更依赖任何人。"

· 第五章 ·　奥维尔——最后的日子

　　这段关于孤独的话是对过去的评判，也跟随文森特来到了奥维尔的花园河谷。尽管他的画室墙上挂满了美丽的风景和一张张笑脸，但这些都难以掩盖他没有朋友的事实。7月，他和加歇医生的友情也陷入了熟悉的旋涡——疏远和怨恨。文森特总是需求不断，而加歇医生经常离开奥维尔，他们之间产生了冲突。加歇总是离开奥维尔，让文森特认为在危急时刻是指望不上他的。而文森特奇怪的行为举止和对艺术的狂热（可能还有他对玛格丽特·加歇的关心）使加歇一家上下发生了骚乱。加歇禁止他在房子里作画，文森特扔下餐巾，离开了饭桌。两人最后闹僵，是因为加歇拒绝为一幅吉约曼的画作装框。

　　加歇自己也是一个精神古怪的人，因此，他对文森特行为和衣着的古怪表示同情，但其他人就无法忍受他了。加歇后来评价文森特的"漫画式油画"时说："他看起来非常奇怪，他每次把画笔放在画布上时都会先把头往后靠，半闭着眼睛向上看……我从没见过别人画画是这个样子。"玛格丽特·加歇推脱了一个月才同意为文森特当模特，最后也只是答应在她弹钢琴时让文森特看着她作画。后来文森特又要求了一次，但始终没有得到玛格丽特的回应。文森特在画架后的专注也让艾德琳·拉乌困惑和害怕。她后来对采访者说，"他的暴力作画方式让我害怕"，而且她对肖像画的评价是"令我失望，因为那根本不是真实的生活"。她也拒绝再次为文森特当模特。

　　实际上，圣保罗精神病院的日子给文森特的举止留下了挥之不去的印记——对于崩溃状态的警觉，这在他茫然的表情和转瞬即逝的目光中可以看出来，不仅让年轻的小姑娘害怕，也让成年人紧张。"当你和他面对面谈话时，"奥维尔的一个目击者回忆说，"有人从另一侧走近他，他不仅会把眼睛转向那个人，而且会把整个头都转过去……如果你和他聊天时飞过一只鸟，他并不是仅仅看它一眼，而是会抬起头仔细看这是什么鸟。他的目光是固定的、机械的……就像车前灯一样。"

在拉乌旅店用餐的西班牙画家对文森特的印象也不好（"是哪只猪画的？"他第一次看到文森特的画作时说）。在奥维尔工作的另一个荷兰人也不喜欢他。住在隔壁讲英文的一家人提起文森特时说："他从白天到晚上，一直在画画。"还有一个法国画家到奥维尔参观，故意避开文森特。即便是住在六英里外、勒皮克路上的旧友毕沙罗也从不来看他。文森特确实与一个邻居做过很短时间的朋友，那是一个名叫沃波尔·布鲁克的人，但很快布鲁克就像何西格一样消失了，对于他，文森特写道："他仍然对他看事物的独特方式抱有很多幻觉……我觉得他不会有什么出息。"

当地人更是无法忍受这个来客怪诞的绘画方式。在咖啡馆里，人们故意避开他，他求别人为他做模特时，人家会立刻逃走。有个人曾在文森特遭受拒绝时听到他喃喃自语道："不可能，不可能！"小镇上的人大都不知道文森特在阿尔的事情，也不知道圣保罗精神病院的事情，但看到他残缺不全的耳朵就

第五章 奥维尔——最后的日子

足以明白一切了。其中一个人说:"那是你看到他第一个会注意的地方,非常恐怖。"有些人把它比作"大猩猩的耳朵"。奥维尔的居民可能并不会像阿尔人那样迷信或对画家怀有偏见,但看到文森特,他们还是会避而远之:流浪汉一样的装扮、蓬乱的胡子、自己修剪的发型、含糊不清的口音——他们猜是德语或英语,浑身上下都表明他的生活漂泊不定,艰辛寒酸。和在阿尔——还有其他任何地方———样,文森特总是吸引小男孩的注意。穿着破旧的乡下人衣服,手里提着装满画具的奇怪袋子,文森特看起来"很像稻草人"(后来一个人告诉采访者)。当地的流氓追着文森特满街跑,在后面喊他:"傻子。"但奥维尔的一些小男孩要比阿尔的"街头流氓"更世故。他们很多是从巴黎的学校来这里过暑假的学生,父母都是资产阶级,正在这里度假。他们对付流浪汉的方式要比扔烂蔬菜有"创意"多了,也更加残酷。

　　他们假装和他做朋友——给他买喝的,请他出去玩,完全是为了拿他开玩笑。他们在文森特的咖啡里加盐,在他的画具箱里放蛇(文森特看到蛇的时候差点昏了过去)。他们发现文森特有吮画笔的习惯,就引开文森特的视线,在他的画笔上抹上红辣椒,然后边笑边看着他被辣到抓狂。"我们太喜欢看可怜的Toto抓狂了。"后来,一个小男孩说。Toto是当地方言,是他们给这个画家起的绰号——"疯子"的另一种说法。

　　收到信后,文森特原本想赶第一班去巴黎的火车。"我非常想见到你,"在收到提奥的信的当天文森特写道,"但我担心立刻过去会让你更加窘困。"因此,他又写了一封恳请提奥来乡村的信——言词极为迫切,让弟弟在这里"至少待一整个月",呼吸新鲜的空气,充分感受乡村的有益影响。文森特随信寄去了很多最吸引人的画作,并提出与乔和孩子交换房间。他们可以住在拉乌旅店文森特的房间里,而文森特则去巴黎,他安慰提奥道:"这样你应该不会太孤单。"

但几天后,文森特已经等不及了,他太害怕了,因此决定"破坏"弟弟糟糕的决定。文森特急忙赶往巴黎。在没有通知任何人的情况下,文森特到达了皮加勒区。

在阻止这个灾难发生时,文森特引发了另一个大灾难。

在提奥的公寓里,灾难随时可能爆发。提奥寄出那封焦虑的信后的五天内,危机一直在升级。他决定给老板下最后通牒:要么给他加薪,要么他就辞职。他最近的销售业绩很好,乔的哥哥安德里斯也答应要帮提奥弄点资金,让他做独立画商。这让提奥放大了胆子。孩子的哭闹和乔的担忧让他非常绝望。

但执拗的乔对这种冒险的最后通牒更加担忧。提奥辞掉工作,"鲁莽地进入未知世界",这样会不会威胁到这个小家庭?他确定能够成为一个成功的独立画商?如果他们"一分钱的收入都没有",那该怎么办?文森特到达后发现,这对夫妻"忧虑"而"烦恼",他们为了一个赌注很高的决定而争

第五章 奥维尔——最后的日子

吵——为文森特也为他们自己。"有一天我们发现生计受到了影响，那并不是一件小事，"文森特回忆起那次争执，他很快也加入进去，"我们认为我们的生活方式岌岌可危。"再加上文森特的脆弱和反复无常，这场争执很快就升级了。他后来说他们都很"暴力"。

安德里斯·邦格来到之后，怨恨又转向了他。文森特带有攻击性地质疑他为提奥的生意提供的赞助，因为之前他没能信守同样的承诺。文森特当时都想要提奥和这个大舅子"断绝关系"了，但后来妥协了，因为他看到了一个巨大的威胁：提奥打算搬家，与安德里斯和他的妻子住在同一栋大楼，共享一个花园。这个计划拒绝了文森特关于在乡村安家、在大自然中恢复健康的所有恳求。有了户外花园，提奥和他的家人就完全没有必要去文森特在画中描绘的奥维尔了。他眼睁睁地看着自己的团圆梦想破灭了。

在接下来的争吵中，文森特开始表达对乔作为失职的母亲的不满（因为她在城市抚养孩子），而乔也痛恨提奥为了他这个游手好闲的哥哥花了很多钱，他们开始恶言相向。后来乔写道："他和我们在一起的时候，我对他更好一点就好了。我非常后悔，当初对他太没有耐心了。"最后，一幅画到底该挂在哪里引起文森特和乔最激烈的争吵。

文森特走出了公寓，当天就离开了巴黎。他的老朋友吉约曼本来说好要来拜访他的，但他匆匆地走了。"我和你们在一起的几个小时对我来说太难熬了，太让人烦躁了。"他后来写道。他用一个词形容这次到巴黎的短暂——也是最后一次——拜访："痛苦"。

7月6日的争吵太激烈了，后来所有关于那天的详细记录都丢失或毁掉了。根据乔的叙述，那天他们一起享用了一顿快乐的午餐，然后来了几位声名显赫的朋友，文森特"非常疲劳、非常兴奋"——第一次（也是唯一一次）暗示了三周后可怕的结局。但文森特的叙述与乔的截然不同。他离开巴黎，感到非常受挫。他后来写信给提奥："我担心自己作为你的负担，你宁可我是让你害怕的东西。"

回到奥维尔，文森特的生活发生了变化。巴黎之行像"暴风雨"一般突然，让他"悲伤不已"，他感到危机四伏。他沿河岸爬到田野上向下看，发现原来风景如画的田园变成了冷酷无情、空旷黑暗的荒野。所有让人感到欣慰的景色都不见了，第二次机会和救赎的前景也随之逝去。

他笨手笨脚地把两倍宽的大画布搬到山上，记录眼前这片崭新的、充满危机的自然景色。之前，他画的是一幅波澜起伏的马赛克风景画，现在他画的是"阴郁天空下的大片麦田"——一大片光秃秃的、孤寂的麦田，毫无特色，如荒野一般。远方地平线上什么也没有——没有树木、房子或尖塔。画中央有一点凸起，但那并不是小山，只不过是地面的弧度罢了。天空不再是水晶般的蓝色，也没有光芒四射的太阳，这幅

·第五章· 奥维尔——最后的日子

画将天空描绘成象征凶兆的黑色，上面飘浮着大片深蓝色的乌云。

在另一张画布上，他画的是随风摇摆的麦田，收割机在路面压出的凹痕指向田野中央树立的耙子。风吹过成熟的麦田，产生大大的旋涡，呈现出不同的颜色和条纹——风力非常大，乌鸦从隐藏的地方飞起。它们突然猛扑，惊恐地蹿上天空，要逃离这片无情的大自然。在这两幅荒凉的全景画中，他完全没有画田园家庭生活；数英里之内都看不到任何人或房子。这次，他没有宣传乡村生活给人带来的安慰，他用画笔诉说了"悲伤和极度孤单"。"我的生命遭到了彻底的威胁，"他回到从前的乐园几天后写道，"我步履维艰。"

7月15日，提奥带着他的家人从巴黎前往荷兰。他认为，只有真正家乡的空气才能让妻子和孩子恢复健康。他们并没有在奥维尔停留，之前提奥曾这么提过。乔和孩子会在荷兰待一个月。几天后提奥离开，绕道回巴黎，在海牙、安特卫普和布鲁塞尔停下做生意，但没有去奥维尔。文森特寄出了一封表示抗议的信，再一次对7月6日发生的事情发出警告。他是在发脾气，又是在恳求（"我有做错什么吗？"），他放下内心深处的恐惧：担心他在提奥与乔的"争吵"中扮演了不好的角色，他向提奥请求经济资助，担心他到处看到的"危险"。

就在几天前，文森特收到母亲和妹妹的来信，她们非常高兴，因为提奥要带着妻子和孩子去荷兰了。毕竟他们要在老家

《麦田群鸦》(局部)　凡·高　1890年

·第五章· 奥维尔——最后的日子

团圆了。"我经常想起你们俩,"他孤苦伶仃地回信道,"非常想再见到你们。"文森特的母亲安娜建议他去花园里走走("去看看盛开的鲜花"),这对健康有好处,文森特却表现出对大自然相反的看法:"我自己很喜欢广阔无垠的麦田,不喜欢高山和无边无际的大海。"

提奥能在花园里帮母亲干活,但文森特命中注定是在花园中散步的。他在给母亲和妹妹的信里最后写道:"今天就写到这里了,我要去画画了。"

他其实只需要走出拉乌旅店,就能找到一个表现孤独和遗弃的场景。街对面就是奥维尔镇公所,这里装饰着彩旗、花环和中国灯笼,晚上要举行一年一度的国庆烟花燃放和庆祝活动。但现在,广场上空无一人,露台上也非常萧条。文森特照实画了出来——没有人群,没有管弦乐队,没有烟花,也没有舞蹈。镇公所——石头堆砌的建筑——孤独冷漠地坐落在那里,周围没有灌木,悲伤地等待着欢宴,而镇公所本身和文森特都与这场欢宴无关。画中的镇公所很像津德尔特市集的镇公所,那个镇公所就坐落在文森特童年住的牧师公馆对面。

7月18日,提奥回到巴黎的公寓,他没有邀请哥哥来,但文森特曾邀请过提奥。提奥甚至一周多都没有写信,最后才决定给文森特写信,用不解的感叹来消除文森特的担忧("你从哪里看到了激烈的家庭冲突?"),他想要否认哥哥的噩梦,称那只是"不起眼的小事"。

提奥工作上的冲突结果是可以预料的,但文森特不敢问——提奥也没有提。提奥的老板们并不理会他的最后通牒,拒绝给他涨工资,对他的辞职也不闻不问。由于家人不在身边非常寂寞(他每天写信给乔),加上对自己的未来——事业和身体——感到悲哀,他打算给极度悲伤的哥哥"断奶"。但和以前一样,责任让他感到痛苦。"他工作这么努力,画得这么好,这种时候是不能放弃他的,"他写信给乔,愤愤不平地说,"他什么时候才能得到幸福呢?"

文森特寄给提奥一份画作清单,当然是希望提奥能自己送过来,因为奥维尔距离他那里只有二十英里。提奥好心建议哥哥:"如果有什么事情让你烦恼,或者有什么感觉不对的……就去找加歇医生,他会让人好受些。"文森特暗示希望得到更多信息("我希望你已经找到了对你很好的伙伴。"),他的好多信都没有写完,也没有寄出去。在其中一封信中,他写道:"我有很多事情想告诉你,但我觉得没有用。"提奥总是保持沉默。文森特感觉他们之间仿佛隔着一片大陆。

没有什么比提奥的退出会对文森特的安定生活——头脑清醒——造成更大的威胁了。从巴黎回来后,那天发生的事情一直萦绕在文森特的心头。他还有其他的担忧,尤其是提奥的病情越来越重——他自己的也是。距离上一次病情发作已经快一年了,那还是去年夏天在圣雷米的事情,他感觉下一次发作也是难以避免的,而且随时可能发生。"我在拿自己的生命冒

·第五章· 奥维尔——最后的日子

险，"他在扔掉的一封信的草稿中写道，"而我这样做的原因已经有点站不住脚了。"他抱怨在预想未来时觉得"非常害怕"。有时他害怕到剧烈地颤抖，都没有办法写字，连笔都拿不住了。

文森特喜欢系列画——修拉和莫奈的一系列"装饰画"。对文森特来说，这些无缝隙的全景图就像一个"画作合唱团"一样。他画了一幅又一幅双倍画幅的油画后，写信给提奥："我力求画得与我爱戴和敬佩的画家一样好。"他最爱戴和敬佩的画家是查尔斯·多比尼，而最吸引他的是多比尼画的花园，这是多比尼与他的妻子和朋友杜米埃尔共同完成的。"你可以看看多比尼花园的素描，"他在信中暗示说，并附上了那幅画，"那是我目标最明确的油画。"

他在第一次写这封信时，又一次向弟弟提起了十几年前他们在通往赖斯韦克的路上承诺对方的合作伙伴关系。"我一直都觉得你绝不仅仅只能做一个画商，"他写道，暗指德伦特的约定，"你实际参与了我的作画过程，即使在灾难时刻画作也能得以保存。"但在他实际寄出的信（他写给亲爱的提奥的最后一封信）中，他改成了恳请的语气，并配上了美丽的花园。"真相是，"他解释道，"我们只能让我们的作品说话。"

四天之后，也就是7月27日周日，文森特完成早上的写生后回到拉乌旅店吃午饭。用餐完毕后，他拎起装满颜料和画笔的袋子，把画架扛在肩上，又重新开始创作，过去数周里他每天如此。他有可能去了附近的多比尼花园或者更远一点的乡间，在已经笨重不堪的随身物品中添加了一张双倍画幅的画布。

数小时后，太阳落山，他跌跌撞撞地返回拉乌旅店，他的布袋、画架和画布统统消失不见了。在炎夏傍晚的室外，拉乌一家和其他住客刚刚享用了晚餐，正在小餐厅的平台上踱步。他们看见文森特从黝黑的街道上走来，越来越近。"他手捂着腹部，走路似乎一瘸一拐，"其中一人后来回忆道，"他的外套纽扣都紧紧扣着。"——在如此炎热的夜晚这么做有点奇怪。他一语不发地穿过人群，径直走向自己的房间。古斯塔夫·拉乌对客人的古怪举止十分担心，他在楼下仔细倾听着上面的动静。当听到呻吟声时，他上楼来到文森特阁楼的房间里。他发现文森特躺在床上，身体因为痛苦而蜷缩成一团。他问发生了什么事情。

"我受伤了，"文森特答道，说着他掀起了衬衫，给拉乌看了看自己肋骨下的一个小弹孔，"我弄伤了自己。"文森特受的是致命伤，但究竟是不是他自己"弄伤了自己"，人们有各种各样的猜测。

·第五章· 奥维尔——最后的日子

3
永远与你同在

凡·高的故事戛然而止，而与他血脉相连的提奥——他的苦痛才刚刚开始。在哀愁和惋惜的猛击下，他原本就脆弱不堪的身体终于垮了。多年来，病毒感染使他全身疼痛，现在已经蔓延到他的脑部。他日渐虚弱的大脑只能记着一句话："哥哥不能被遗忘，他的作品是大师级的，人们必须明白他是个伟大的艺术家。"提奥时刻警醒自己的责任所在。"如果我不用尽全力促成这件事，"他满是内疚地写道，"我会自责不已，永远不会原谅自己。"

陆续有人前来吊唁，这反而让提奥愤怒不已。"总是这样，文森特生前，那些人都不尊重他。"他写道，"一到这时候，每个人都来说好话了。"

葬礼后几周，提奥心中的愧疚变成了深深的思念。"哦，空虚无处不在……"他从巴黎写信给乔，"我好想他，我无时无刻不想他……"他所有的话题几乎都围绕文森特。8月初他回到荷兰，连续好几天都和母亲、威廉明娜深入地谈论文森特。在阿姆斯特丹，他终得与妻儿团聚，但是他承认，每当夜幕降临，他的梦中总是出现与文森特童年时朝夕相处的点点滴滴。他尤其喜欢缠着保罗·加歇，文森特最后日子里的医生，尽管加歇和文森特认识的时间不长。但这位老人一想起那位他不怎么了解的病人就泪水涟涟，这不禁让提奥也湿了眼眶。

提奥好几个小时都埋首于文森特成堆的信件中，他此时仿佛又和哥哥单独待在一起，重温多年来经受的考验和磨难。"我发现文森特的信里有很多有趣的东西，"他写信给母亲，"如果能将他的书信结集出书，大家就能知道他的思想多么深邃，他怎样挣扎着保持自我，这该是多么精彩的一本书啊！"为了完成这本大作，提奥先是请求保罗·加歇执笔，后来他把目标设定得更高远：想请评论家艾尔贝·奥里耶，这个难得真心赞美过凡·高的人。"您是第一个欣赏他的人，"他写信给这位评论家，"您对他的赞赏说明您真正看懂了他。"

提奥一直都在谨慎地策划，他希望能有一个全面的纪念仪式：在前卫印象派画商杜兰·鲁埃的画廊中举办展览，并将文森特的平版印刷画和书信节选结集成内容丰富的画册。

"他对哥哥的追忆像幽灵一样纠缠着他，"安德里斯·邦格说，"已经到了一有人和他意见相左，他就怨恨对方的程度。"

10月初，事情迎来了一个新高潮，提奥离开了古庇尔——文森特一直劝说他这么做。他在公司里以文森特的方式大喊大闹，用力摔门，释放出几十年来郁积的不满。他离开了自己少年时就效力、带给自己人生辉煌的公司，并且给高更发了一封疯狂的、充满挑衅意味的电报："确定前往热带，钱随后就来，提奥，主管。"

·第五章· 奥维尔——最后的日子

短短几天,提奥完全崩溃了。1890年10月12日,提奥住进了巴黎的一家医院。两天后,他被转院到帕西的一家私人精神病院。此后,他的人生轨迹大都追随了文森特的脚步。不过仍有些许不同,提奥的生理疾病比哥哥严重许多,现在,他已经全身麻痹,有时他完全无法下地行走。

不同于文森特在阿尔和圣雷米独自承受孤独,提奥被禁闭后仍有许多家人朋友来到他的病榻前看望他。威廉明娜从莱顿赶来,带着母亲对他无法形容的担心;与文森特"不共戴天"的仇敌泰斯提格从海牙赶来,毕竟他对这个门徒可是相当自豪。只有高更仍然冷淡疏离——可能害怕凡·高兄弟俩的"疯病"会玷污自己的名声以及正在努力筹划的活动。

除了有人同情,提奥还有文森特从来都没有的一位体贴又坚忍的伴侣。乔·邦格一直为丈夫的健康和名誉而战,即便丈夫逝世以后,她也在继续斗争。她坚信,提奥的哀痛,是由于神经敏感以及失去哥哥的悲伤引起的。

提奥只在帕西住了一个月,乔就安排提奥转到荷兰乌特勒支的一家精神病院。在漫长的火车之旅中,提奥身穿拘束衣,在看守的陪同下,一路无眠——这也算完成了文森特发誓要回北方的夙愿。乔带着尚在襁褓中的儿子搭乘同一列火车回家。

之后两个月,提奥在乌特勒支过上了禁闭生活。白日漫漫,他一直处于妄想、精神分裂和药物引发的昏迷状态中;长夜无眠,他在睡梦中也焦躁不安,受噩梦困扰,后来干脆整夜睡不着。他好几个小时就坐在病房里，语无伦次、激动地自言自语或用各种语言自己辩论。在这些转变中，原来那个尊贵、儒雅的画商，现在却像个疯子一样紧紧扯着自己的贴身衣物，撕破床单，扯出床垫里的稻草。看守必须费好大劲才能给他穿上拘束衣，让他安定下来。

说话和行走对他来说越来越难了，因为他身体的每个脏器都在逐渐衰竭。有一次他在浴缸里睡着了，从此以后他被禁止独自洗澡，以免意外溺亡。晚上，他一定得被关进包好衬垫的栏杆小床里，以免误伤自己。

但当乔要求把丈夫带回家时，医生们不约而同都表示反对："以他的身体状况，我们认定他绝对不适合正常交流或私人看护。"他们在提奥的病历中，用"令人震惊""十分糟糕""各方面都让人惋惜"这样的字眼来描述提奥的情况。

有位医生听说提奥有个画家哥哥，便为他阅读荷兰报纸上有关文森特的报道，试图打破他与世隔绝的孤僻状态。但当提奥听到那个熟悉的名字被不停重复时，他的眼神变得空洞，注意力游离到内心某处。"文森特……"他喃喃自语，"文森特……文森特……"

和哥哥一样，提奥最后的死亡也迷雾重重，就连死期都不确定。有报告说是1891年1月25日，但是医院记录上显示他的尸体1月24日就被搬走了。四天后，提奥被埋葬在乌特勒支的一块公共墓地里，连葬礼都没有。凡·高家族以沉默面对这种耻

第五章　奥维尔——最后的日子

辱,完全不理会乔的反对。

之后乔·邦格改嫁了,但1914年又一次成了寡妇。文森特书信的首次出版以及作品的大卖,使世界的目光都聚焦在她身上。为了证明她和亡夫是正确的,乔将提奥的尸骨从乌特勒支迁走。她将他葬在文森特的旁边,俯瞰奥维尔的麦田。她在这两个并排的墓前安放了一对相同的墓碑,刻有相同的铭文:"文森特·凡·高长眠于此"和"提奥多洛斯·凡·高长眠于此"。

文森特与弟弟终于在石楠丛生的荒野上团聚了。

凡·高的创作之路

1881

荷兰,埃滕

在父母家,自学绘画

- 得到弟弟提奥的鼓励,开始全心投入绘画事业
- 创作了一些描绘当地人劳动日常的作品,例如《埃滕的路》

1882—1883

荷兰,海牙

离开父母家,接受安东·莫夫的指导

- 独立完成第一幅水彩作品,开始学习油画
- 接到科尔叔叔(Cornelis Marinus)的委托,完成《申奎格的托儿所》,拿到作为艺术家的第一桶金

1884

荷兰,纽南

回家和父母住在一起,受到巴比松画派大师米勒的深度影响

- 画了40余幅农民头像,为《吃土豆的人》打下基础
- 追求反映农民真实生活的色彩和风格,用色极深

凡·高的创作之路

1885

比利时

在美术学院学习

- 在安特卫普皇家艺术学院学习,凡·高在这里的求学生活并不顺利
- 在自己房间的墙上钉上了日本版画

1886—1887

法国,巴黎

和弟弟提奥住在一起

- 接触到印象派和新印象派艺术,包括乔治·修拉的"点光派"风格作品
- 和纽南时期相反,用色开始变浅。开始尝试使用细碎的笔触,创作了《戴草帽的自画像》
- 在巴黎时创作了20余幅画作,不断尝试更为大胆的用色和风格
- 和弟弟提奥一起收藏了大量日本版画

1888

法国,阿尔

受到南法风情的影响

- 不到1个月的时间内,"狂飙突进"地创作了14幅描绘果园的画
- 南法阿尔的明媚阳光和日本浮世绘艺术中明亮、简洁的风格,促使凡·高创作了大量作品
- 10月,高更与凡·高在阿尔见面,但12月就突然离开。两人的决裂导致凡·高切下了自己部分左耳
- 创作了描绘向日葵的装饰画

1889

法国，圣雷米

在圣雷米疗养院接受治疗

- 一年内创作了约150幅画作
- "重新演绎"了21幅米勒的画作，按自己的理解给这些作品重新上色，临摹了大量伦勃朗、欧仁·德拉克罗瓦等人的作品
- 继续创作风景画，描绘圣雷米疗养院周边的乡村景色。6月时创作了2幅描绘柏树的画作，他在给弟弟提奥的信中提到，柏树的形状很像方尖碑
- 创作了描绘鸢尾花和玫瑰的静物画

1890

法国，奥维尔

和弟弟提奥很近，得到加歇尔医生的照顾

- 在两个月的时间里，基本上每天都能创作一幅画